SANGHARAKSHITA

DIE GESCHICHTE
MEINER ZUFLUCHTNAHME

Über den Autor

Urgyen Sangharakshita – bürgerlich Dennis Lingwood – wurde 1925 in London geboren und starb 2018 in Adhisthana in Herefordshire, Großbritannien (siehe www. adhisthana.org).

Als junger Mann lebte er in Indien, wo er über zwanzig Jahre lang den Buddhismus unter Lehrern verschiedener Traditionen (Theravāda, Mahāyāna und Vajrayāna) übte und studierte. 1967 kehrte er nach England zurück und gründete die Freunde des Westlichen Buddhistischen Ordens (FWBO). Inzwischen entstand daraus eine internationale Bewegung mit Zentren in der ganzen Welt. 2010 wurde die Gemeinschaft umbenannt und heißt heute Buddhistische Gemeinschaft Triratna.

Heute zählt Sangharakshita zu den wichtigsten Lehrern des Buddhismus im Westen und ist als Autor zahlreicher Bücher bekannt. Er versteht sich vor allem als „Übersetzer" – zwischen Ost und West, zwischen Tradition und Moderne, zwischen Prinzipien und Methoden. Seine Bücher wurden bisher in 30 Sprachen übersetzt.

Die Geschichte meiner Zufluchtnahme

Gedanken zum zwanzigsten Gründungstag des Westlichen Buddhistischen Ordens

SANGHARAKSHITA

Bibliografische Informationen der Deutschen Nationalbibliothek:
Die Deutsche Nationalbibliothek verzeichnet diese Publikation
in der Deutschen Nationalbibliografie; detaillierte bibliografische
Daten sind im Internet über
www.dnb.de abrufbar.

Erstmals veröffentlicht in englischer Sprache von
Windhorse Publications unter dem Titel:
The History of My Going for Refuge
© 2021 Sangharakshita
Der Autor beansprucht das moralische Recht, als Autor
dieser Arbeit kenntlich gemacht zu werden.

Übersetzung: Rüdiger Dhammaloka Jansen
Lektorat: Dharmapriya, Acaladhi u.a.
Satz: Arno Maitricarya Aka
Umschlaggestaltung: Sylvia Pöhlmann
© Fotos Umschlagrückseite: Urgyen Sangharakshita Trust

Einzige deutsche autorisierte Übersetzung
© 2021 Buddhawege e.V. Alle Rechte vorbehalten

Herstellung und Verlag: BoD – Books on Demand, Norderstedt
ISBN 9783754309018

INHALT

1. VORBEMERKUNG

Die Geschichte meiner Zufluchtnahme entstand als Text einer Lesung vor Angehörigen des Westlichen Buddhistischen Ordens am 11. April 1988 in der *York Hall* im Londoner Stadtteil Bethnal Green. Wie der Herausgeber von *Golden Drum* festhielt, hatten sich „mehr als einhundert Dharmacharis und Dharmacharinis" versammelt – in jenen Tagen waren das sehr viele –, um den zwanzigsten Jahrestag der Gründung des Ordens zu feiern. Angesichts ihrer Länge wurde die Lesung mit kurzen Pausen in vier Abschnitte geteilt. Sangharakshita las die Abschnitte 1 bis 5 und 16 bis 22, Dharmacharini Srimala die Abschnitte 6 bis 10 und Dharmachari Ratnaprabha die Abschnitte 11 bis 15. Windhorse Publications veröffentlichte *Die Geschichte meiner Zufluchtnahme* noch im selben Jahr. Der Text wurde in Band 2 der Gesamtausgabe *Complete Works* (*CW*) mit einem stark erweiterten Anmerkungsapparat erneut veröffentlicht.

Dasjenige in mir zu entdecken, dem ich gehorchen *muss*, Gewahrsein für das Gesetz zu erlangen, das im organischen Ganzen der inneren Welt wirkt, diese Innenwelt als ein organisches Ganzes zu spüren, das sein eigenes Geschick nach einem geheimen Vitalprinzip ausarbeitet, zu erkennen, welche Handlungen und Äußerungen eine Befreiung von Hindernissen und ein Zuwachs von Kraft sind, geheime Treuepflichten anzuerkennen, die man nicht leugnen darf ohne zu verarmen und auszuhungern, – das heißt es wirklich, seine Seele zu besitzen, und es ist weder leicht zu tun noch leicht zu erklären.

John Middleton Murry (1889-1957)[1]

---

1   J. Middleton Murry, *God: Being an Introduction to the Science of Metabiology.* London: Jonathan Cape 1929, S. 52 f.

2. EINLEITUNG

Heute feiern wir den zwanzigsten Gründungstag des Westlichen Buddhistischen Ordens, der am Sonntag, dem 7. April
1968, entstand, als neun Männer und drei Frauen sich im Rahmen einer Feier im *Centre House*, London, zum Pfad des Buddha verpflichteten, indem sie öffentlich in der überlieferten
Weise die Drei Zufluchten und Zehn Vorsätze von mir „nahmen". Die knappen Sätze des Tagebuchs, das ich während der
ersten dreieinhalb Monate jenes Jahres führte und erst kürz-
lich wiederfand, lauten:

> Um 10.15 im Centre House angekommen. Fand
> nichts vorbereitet. Raum gesäubert und aufgeräumt,
> Schrein usw. aufgebaut. Leute trafen ein, darunter
> auch Bhikkhus. Beginn um 11.15. Begrüßung durch
> Jack [Austin]. Lunch mit Bhikkhus und Jack, wäh-
> rend Mike Rogers die erste Meditation leitete. Emile
> [Boin] ziemlich besorgt, weil die Inder, die den Lunch
> zugesagt hatten, erst sehr spät eintrafen. Um 12 Uhr
> Ansprache über „Die Idee des Westlichen Buddhis-
> tischen Ordens und die Upāsaka-Ordination". Dann,
> während die anderen zu Mittag waren, Gespräch mit
> der Presse. Viele Fotos. Gruppendiskussion geleitet.
> Meditation. Tee. Weitere Presseleute, mehr Fotos. Um
> 17.30 Uhr Ansprache über das „Bodhisattva-Gelübde".
> Von 19 bis 20.15 Uhr Ordinationszeremonie geleitet.
> Mike Ricketts, Mike Rogers, Sara [Boin], Emile [Boin],
> Terry O'Regan, Stephen [Parr], Marghareta [Kahn],
> Geoffrey [Webster], John Hipkin, Roy Brewer, Penny
> [Nield-Smith] und David Waddell empfingen ihre

[öffentlichen] Ordinationen. Alles ging glatt und war erfolgreich. Alle höchst erfreut.

Vier, von meinem Freund Terry Delamare[2] aufgenommene, Farbdias geben ein weiteres (optisches) Zeugnis des Ereignisses. Das erste Dia ist eine Großaufnahme des Schreins mit einer Bronzefigur des sitzenden Amitāyus, Buddha des Unendlichen Lebens, in der Mitte und etwas kleineren Bildnissen von Avalokiteśvara, dem Bodhisattva des Mitgefühls, und Mañjughoṣa, dem Bodhisattva der Weisheit, zu seinen Seiten. Hinter den Bildnissen steht ein kleiner japanischer Schirm aus weißem Seidenbrokat, vor dem Schrein ein Gesteck aus weißen Nelken, Iris, Lilien und Narzissen. Das zweite und dritte Bild zeigen mich bei der einen oder anderen meiner Ansprachen, während ich auf dem vierten die weiße Ordenskesa in den Händen halte, um sie um den Hals von Sara Boin (Sujāta) zu legen, die mit zusammengelegten Händen auf einem Kissen vor mir kniet. Da die sieben übrigen Angehörigen des Ordens auf diesem Bild keine *kesa* tragen, war Sara anscheinend die erste Person, die ordiniert wurde.[3]

Gleich nach der Zeremonie baute ich rasch den Schrein ab und nahm zusammen mit Stephen (Ānanda)[4] den 21.50-Zug

---

2   *A. d. Hrsg.*: Sangharakshita erzählte die Geschichte seiner Freundschaft mit Terry Delamare in *Moving Against the Stream*. Birmingham: Windhorse Publications 2003, (*CW* 23).

3   *A. d. Hrsg.*: Dieses Bild wurde in die Einzelausgabe von *Moving Against the Stream* aufgenommen (S. 329), ein Hinweis auf die ersten Ordinationen findet sich dort auf S. 387 (*CW* 23).

4   *A. d. Hrsg.*: Stephen Parr (*1944) war einer der zwölf ersten, am 7. April 1968 von Sangharakshita ordinierten Ordensmitglieder und erhielt den Namen „Ānanda ". Inzwischen (2019) ist er der am längsten ordinierte Angehörige des Buddhistischen Ordens Triratna.

nach Haslemere[5], wo wir vier ruhige Tage in einer halb verfallenen Hütte auf dem weiten Land von Quartermaine verbrachten, ich an meinen Erinnerungen arbeitete und einige „chinesische" Gedichte schrieb. Eines dieser Gedichte lautet so:

> *Beyond the deserted paddock, a dark wood;*
> *Before our secluded cottage, wet strips of green and brown.*
> *Watching the incense burn in this quiet room*
> *We have forgotten the passing of days and hours.*

[Jenseits der verlassenen Koppel ein dunkles Gehölz; / Vor unserer einsamen Hütte nasse Streifen Grün und Braun. / Den Weihrauchbrand in diesem stillen Zimmer betrachtend / Vergessen wir wie die Tage und Stunden vergehen.][6]

Indes durften wir die Zeit nicht lange vergessen. Am Nachmittag des vierten Tages musste Ānanda nach London und zu seiner Arbeit als Toningenieur in Bush House[7] zurückkehren, alldieweil ich nach Keffolds weiterreisen musste, einem anderen Besitz des Ockenden Projekts, um die Osterklausur der FWBO zu leiten.[8]

---

5   *A. d. Hrsg.*: Haslemere ist eine historische Kleinstadt etwa 70 Kilometer südwestlich von London. Zu Quartermaine siehe Anm. 8.

6   Aus „Six Poems Written in Retreat". Siehe *Complete Poems 1941-1994.* Birmingham: Windhorse Publications 1995, S. 261 (*CW* 25).

7   *A. d. Hrsg.*: *Bush House* im Zentrum Londons war seit 1941 Hauptquartier des *BBC World Service.* Im Jahr 2012 wurde die letzte Sendung von diesem Ort ausgestrahlt.

8   *A. d. Hrsg.*: Das nach dem Zweiten Weltkrieg gegründete, gemeinnützige *Ockenden Venture* stellte Unterkünfte für Flüchtlingskinder bereit. Keffolds war ein großes Heim für Flüchtlingskinder in Haslemere. Nicht weit davon entfernt war Quartermaine, die von den Keffolds-Kindern besuchte Schule. In den späten sechziger Jahren wurden diese Häuser manchmal von den FWBO für Klausuren gemietet.

Mehrere der neuen Ordensangehörigen nahmen an diesem Retreat teil, und einige von ihnen machten sich auch in unterschiedlicher Weise nützlich. Jetzt gab es den Westlichen Buddhistischen Orden nicht nur, sondern er begann auch zu arbeiten.

Was aber war dieser Westliche Buddhistische Orden – oder Trailokya Bauddha Mahasangha, wie er nachmals in Indien hieß –, der nach etwas mehr als einem Jahr Vorbereitung plötzlich wie ein Lotos aus dem Schlamm der Metropole aufgeblüht war? Letztendlich handelte es sich um eine Gruppe von Menschen, die zum Buddha, zum Dharma und zum Sangha Zuflucht genommen hatten und die nun dank dieser ihnen gemeinsamen Verpflichtung eine spirituelle Gemeinschaft bildeten – eine spirituelle Gemeinschaft, die auf weltlicher Ebene genau jene transzendente spirituelle Gemeinschaft, jenen Sangha symbolisierte, der das dritte der Drei Juwelen war, zu denen sie Zuflucht genommen hatten. Überdies hatten die zwölf Menschen, die nun den Westlichen Buddhistischen Orden bildeten, nicht nur zu den Drei Juwelen Zuflucht genommen: Sie hatten die Zufluchten und Vorsätze von mir „genommen" oder waren, anders gesagt, von mir ordiniert worden. Ihr Verständnis dessen, was „Zufluchtnehmen"[9] bedeutet, musste

---

9   *A. d. Ü.*: Der Ausdruck *saraṇaṃ gacchāmi* wird im Englischen sowohl durch „going for refuge" als auch durch „taking refuge" übertragen. Im Deutschen wäre ein Ausdruck wie „zur Zuflucht gehen" eher befremdlich, wenngleich beispielsweise Nyanaponika in seinem Aufsatz *Die Dreifache Zuflucht* mit dem Ausdruck „Zuflucts-Gang" darauf hinweist, dass Zufluchtnehmen ein aktives Handeln ist. (Siehe Nyanaponika, *Im Lichte des Dhamma: buddhistische Texte.* Konstanz: Christiani Verlag 1989). Obwohl wir in dieser Übersetzung von „Zufluchtnahme" und „Zuflucht nehmen" sprechen, ist dabei immer an eine aktive,

darum zumindest in gewissem Ausmaß mit meinem Verständnis übereinstimmen. In welchem Sinn also nahm ich selbst Zuflucht? Wie verstand ich diese zentrale, maßgebende Handlung des buddhistischen Lebens, und wie war ich zu diesem Verständnis gelangt? Bei einem Anlass wie dem heutigen, da wir in (verhältnismäßig) großer Zahl zusammengekommen sind, um den zwanzigsten Jahrestag der Gründung jener spirituellen Gemeinschaft zu feiern, die das Herzstück der von uns geschaffenen neuen buddhistischen Bewegung bildet, ist es sicherlich angemessen, wenn ich einen Blick auf die verschiedenen Abschnitte werfe, in deren Verlauf mir Sinn, Bedeutung und Wichtigkeit des Zufluchtnehmens klar geworden sind. Es ist zweifellos angemessen, wenn ich zunächst versuche, die Geschichte meines Zufluchtnehmens nachzuzeichnen und anschließend daran, einige meiner heutigen Gedanken über meine Beziehung zum Orden sowie die Beziehung des Ordens selber zur übrigen buddhistischen Welt mit euch zu teilen.

Wenn ich die Geschichte meiner Zufluchtnahme nachzeichne, werde ich nicht einfach eine Serie logischer Schlussfolgerungen oder gar mehr oder weniger ausgiebiger Anwendungen eines von Anfang an umfassend und in voller Tragweite erfassten Begriffs oder Prinzips verfolgen. Mein Vorgehen glich eher dem Schmetterling als dem finsteren Raubvogel des Gedichts von W. B. Yeats.[10] Um die folgenden Betrachtungen zu verdeutlichen oder um wenigstens Missverständnisse zu vermei-

---

stets neu zu leistende Handlung zu denken, wie sie in dem englischen Ausdruck „Going for Refuge" deutlicher wird.

10 *And wisdom is a butterfly / And not a gloomy bird of prey* (Und Weisheit ist ein Schmetterling / Und nicht ein finsterer Raubvogel). Aus dem Gedicht „Tom O'Roughley", in: *The Wild Swans at Coole* (1919) von William Butler Yeats (1865-1939).

den, muss ich an diesem Punkt etwas zu meiner eigenen Psyche sagen. Vor einigen Jahren legte ein mir befreundeter Astrologe mein Geburtshoroskop, demzufolge die meisten meiner Planeten unterhalb des Horizonts lagen, was offenbar bedeutet, dass die von diesen Planeten verkörperten Einflüsse nicht im Bereich meines Bewusstseins wirken, sondern unterhalb.[11] Zwar habe ich Astrologie nie sonderlich ernst genommen und war daran auch nicht weiter interessiert, doch beim Nachsinnen über diese Tatsache kam ich gleichwohl zum Schluss, dass der Gang meines Lebens eher von Impuls und Intuition als von Verstand und Logik bestimmt worden war und dass es für mich gar nicht in Frage kam, zunächst eine Idee oder ein Konzept zu klären und erst dann zu handeln, also entsprechend seiner geklärten Form. Ideen oder Begriffe wurden im Prozess ihrer Umsetzung ins Handeln geklärt. Genau so war es auch im Fall meines Zufluchtnehmens. Die volle Tragweite dieser überaus wichtigen Handlung wurde mir erst allmählich klar, indem ich jahrein jahraus entsprechend jener unvollkommenen Idee von Zufluchtnahme handelte, die ich schon hatte und dann, mit einer etwas weiter geklärten Idee, wiederum entsprechend handelte und dabei die Idee weiter klärte – so wurde das Tun der Idee gemäßer, während diese allmählich klarer wurde, und die Idee klärte sich weiter, indem das Tun angemessener wurde. Wenn ich nun die Geschichte meines Zufluchtnehmens nachzeichne, werde ich darum der Geschichte eines Entdeckungsprozesses nachgehen, der einen ziemlich unberechenbaren Verlauf nahm und überdies aus einer Folge langsamer, manchmal fast unmerklicher Entwick-

---

11 Nicht lange, nachdem ich diese Zeilen geschrieben hatte, wies ein anderer Freund mich darauf hin, dass das Geburtsdiagramm falsch gezeichnet worden war.

lungen bestand, in denen es keine dramatischen Durchbrüche gab, es sei denn vielleicht gleich am Anfang. Tatsächlich waren manche jener Entwicklungen so langsam und kaum bemerkbar, dass sie nur schwer zu erkennen sind und es somit ein glücklicher Umstand ist, dass einige von ihnen – ob schon zum jeweiligen Zeitpunkt oder erst etwas später – in gewissen meiner Schriften, Vorträge und Seminare Ausdruck fanden. Was den ersten der verschiedenen Abschnitte angeht, in deren Verlauf mir Tragweite und Rang des Zufluchtnehmens klar wurden, sind keine solchen *Gedächtnisstützen* nötig. Nach mehr als fünfundvierzig Jahren bewahrt die Erfahrung ihre ursprüngliche Frische für mich, jedenfalls dann, wenn ich sie vergegenwärtige und bei ihr verweile.

3. DAS DIAMANT-SŪTRA UND DAS PLATTFORM-SŪTRA

Das Erlebnis, mit dem die Geschichte meiner Zufluchtnahme beginnt, ereignete sich im Spätsommer oder Frühherbst des Jahres 1942, als ich sechzehn oder siebzehn Jahre alt war, und es ereignete sich als Folge meiner Lektüre des *Diamant-Sūtra* und des *Plattform-Sūtra,* vor allem des ersteren. Ich habe dieses entscheidende Erlebnis in meinen (unveröffentlichten) Memoiren jener Zeit erzählt, die ich in den späten fünfziger Jahren schrieb.[12] Weil ich den damals gegebenen Bericht nicht zu verbessern vermag, zitiere ich hier einfach aus seinem ersten Teil. Mit Bezug auf meine anfängliche Antwort auf das *Diamant-Sūtra* schrieb ich:

> Obwohl dieses Buch eine Lehre von so anspruchsvoller Erhabenheit verkörpert, dass es selbst von *arahants,* Heiligen, die individuelles Nirvāṇa erlangt haben, heißt, sie würden verwirrt und furchtsam, wenn sie zum ersten Mal davon hörten, nahm ich es sofort voller Freude mit uneingeschränkter Zustimmung und

---

12 *A. d. Hrsg.*: Im Jahr 1957, als er noch in Kalimpong im östlichen Himalaya lebte, begann Sangharakshita seine Memoiren zu verfassen und schloss sie erst 1973 ab. Das Werk erschien 1976 unter dem Titel *The Thousand-Petalled Lotus* bei Heinemann, wobei die Verleger die ersten zehn und einen Teil des elften Kapitels ausließen, in denen Sangharakshita seine Kindheit und frühe Jugend erzählte. Diese Teile wurden von Windhorse Publications erneut aufgenommen, als die Erinnerungen 1997 mit dem Titel *The Rainbow Road* veröffentlicht wurden. Die *Complete Works* (*CW*) enthalten diese Erinnerungen unter dem ursprünglich von Sangharakshita gewählten Titel *The Rainbow Road from Tooting Broadway to Kalimpong* (*CW* 20).

Einwilligung an. Für mich war die vom Buddha im *Diamant-Sūtra* gelehrte Wahrheit nicht neu. Schon vor langer Zeit hatte ich sie gewusst und geglaubt und verwirklicht, und die Lektüre des *Sūtra* erweckte mich gewissermaßen zum Sein von etwas, das ich vergessen hatte. Sobald ich erkannt hatte, dass ich ein Buddhist war, schien es, als sei ich schon immer einer gewesen und als sei es die natürlichste Sache der Welt, einer zu sein und ich sei niemals etwas anderes gewesen.[13]

Nachdem ich zwei mögliche Erklärungen für mein Gefühl, ich sei immer schon ein Buddhist gewesen, angeboten hatte, ging ich zur Beschreibung meiner Erfahrung des *Sūtra von Wei Lang* über, das mich, so schrieb ich, in „eine Art von Taumel" versetzte, wann immer ich es las. Die im *Diamant-Sūtra* vom Buddha und, in geringerem Ausmaß, im *Sūtra von Wei Lang* vom Sechsten Patriarchen gelehrte Wahrheit war natürlich die höchste Wahrheit des Buddhismus (soweit diese Wahrheit mit Worten ausgedrückt werden kann), die Wahrheit von śūnyatā oder „Leerheit" – das heißt die Wahrheit, dass die Phänomene der Existenz letztlich von absoluter Realität nicht verschieden sind und dass absolute Realität letztlich nicht von den Phänomenen der Existenz verschieden ist. Angesichts dieses Sachverhalts bedeutete die Tatsache, dass ich so positiv und rückhaltlos auf diese Lehre geantwortet hatte, dass mein Dharma-Auge sich zumindest in einem gewissen Grad geöffnet und ich als ein Ergebnis meiner Lektüre des *Diamant-Sūtra* und des *Sūtra von Weil Lang* tatsächlich zum Dharma, dem zweiten der Drei

---

13   Vgl. *The Rainbow Road from Tooting Broadway to Kalimpong*, s. *CW* 20, S. 85.

Juwelen, Zuflucht genommen hatte.[14]

Ob ich als Ergebnis meiner Lektüre der beiden *sūtras* auch Zuflucht zum ersten und dritten der Drei Juwelen genommen hatte, und ob ich, falls das so war, in derselben Weise zu ihnen Zuflucht nahm wie zum zweiten, ist eine andere Frage. Zweifellos war ich gewahr, dass die im *Diamant-Sūtra* gelehrte Wahrheit vom Buddha gelehrt worden war und dass sie sich,

---

14 *A. d. Hrsg.*: Das *Diamant-Sūtra* oder, mit seinem ursprünglichen Sanskrit-Namen, *Vajracchedikā-Prajñāpāramitā-Sūtra*, gilt gemeinhin als eines der frühesten Vollkommenheit-der-Weisheit-Sūtras des Mahāyāna. Die von William Gemmell stammende Übersetzung, die Sangharakshita als erste las, war 1912 bei Trench Trübner in London erschienen. Danach las er eine Übersetzung von Max Müller, die 1894 im Rahmen der *Sacred Books of the East* von der Oxford University Press publiziert worden war. Das *Sūtra von Wei Lang* oder *Sūtra Spoken by the Sixth Patriarch on the High Seat of the Treasure of the Law* (auch als *Sūtra von Hui Neng* sowie als *Plattform-Sūtra* bekannt) war die 1930 von der Yu Ching Press in Shanghai veröffentlichte englische Übersetzung von Wong Mou-Lam. Beide Texte finden sich heute in A. F. Price and Wong Mou-Lam (transl.), *The Diamond Sūtra and the Sūtra of Hui-Neng*, Boston: Shambhala Publications 1990. Deutsche Übersetzungen: Das edle Mahāyāna-Sūtra der Vollkommenheit der Weisheit, genannt: Unerschütterliche Beendigung (Diamant-Sūtra). Übersetzung aus dem Tibetischen ins Deutsche von Conni Krause. FPMT Inc. 2004, überarbeitete Fassung 2009. Download unter: https://fpmt.org/wp-content/uploads/teachers/zopa/advice/vajracuttergerman.pdf. Das Diamant-Sutra: das Wesen buddhistischer Weisheit. Hrsg. vom International Zen Temple, Berlin. Übers. von Y. S. Seong Do. Dt. Übers.: K. Graulich. Frankfurt/M.: Angkor-Verlag 2010. Das Diamantsutra: der Diamant, der die Illusion durchschneidet mit einem Kommentar von Thich Nhat Hanh. Übers.: U. Richard. Berlin: Edition Steinrich 2011. Diamant-Sutra, in: Raoul von Muralt (Üb.), Meditations-Sutras des Mahāyāna-Buddhismus, Band 1. Bern: Origo Verlag 1988.

wenngleich der *arhant* Subhūti ihr direkter Empfänger war, tatsächlich an eine Versammlung von Mönchen und Bodhisattvas
richtete, die die spirituelle Gemeinschaft oder den Sangha verkörperten. Ich war sogar gewahr, dass der Sechste Patriarch seine Zuhörer im *Sūtra von Wei Lang* ermahnt hatte, Zuflucht zu
nehmen zu den Drei Juwelen ihrer „Geistessenz" (wie Mou-
lam den Ausdruck übersetzte).[15] Nichtsdestotrotz war ich so
sehr von dem überwältigt, was das *Diamant-Sūtra* selbst „den
starken Eindruck des Dharma" nennt, dass ich bis auf Weiteres
für die Existenz des Buddha und des Sangha praktisch blind
war.[16] Ja, wäre es nicht so, dass der Buddha und der Sangha
letztlich nicht-verschieden sind von śūnyatā, dann hätte man
wohl sagen können, das erste und dritte der Drei Juwelen sei-
en, soweit es mich anging, beide von der Leerheit verschlun-
gen worden!

Obwohl ich vorläufig blind für die Existenz des ersten und
dritten Juwels war, war ich doch schon seit Langem von Leben
und Persönlichkeit des Buddha fasziniert. Drei oder vier Jahre
vor meiner Begegnung mit dem *Diamant-Sūtra* und dem *Sūtra
von Weil Lang* hatte ich sogar ein „Leben des Buddha Siddhartha
Gautama", wie ich es nannte, geschrieben. Ich hatte dieses kleine Werk hauptsächlich aus der *Children's Encyclopaedia* sowie

---

15 „The three gems of our essence of mind, in which, Learned
    Audience, I advise you to take refuge". Siehe A. F. Price and
    Wong Mou-lam (transl.), *The Diamond Sūtra and the Sūtra of
    Hui-Neng*, Boston: Shambhala Publications 1990, S. 103.

16 Siehe Strophe 14 des *Diamant-Sūtra*: „Alsdann bewegte der
    starke Eindruck des Dharma den Ehrwürdigen Subhūti
    zu Tränen", nach der Übersetzung von Edward Conze in
    Sangharakshitas Kommentar zum *Diamant-Sūtra*.
    Siehe Sangharakshita, *Weisheit jenseits von Worten. Norderstedt:
    BoD 2019, S. 51.*

aus H. G. Wells *A Short History of the World* (deutsch: *Die Geschichte unserer Welt*) zusammengetragen, und es ist vielleicht bedeutsam, dass es, abgesehen von Schulaufsätzen, mein erstes abgeschlossenes literarisches Erzeugnis war.[17]

Ungefähr zur selben Zeit kaufte ich in einem Trödelladen in Brighton einen kleinen Kamakura-Buddha aus Messing, in dessen Kopf – der zu diesem Zweck eigens durchlöchert war – ich regelmäßig Räucherstäbchen abbrannte.[18] Natürlich lief diese andächtige Handlung selbst so wenig auf Zufluchtnahme hinaus wie die Niederschrift meines „Leben des Buddha Siddhartha Gautama", doch sie zeigte wenigstens, dass ich für den Buddha Gefühle empfand, die ich gewiss nicht für den Sangha oder die spirituelle Gemeinschaft hatte. Nach meiner Erkenntnis, dass ich Buddhist sei, vergingen nahezu zwei Jahre, bis ich persönlich mit anderen Buddhisten in Berührung kam, und zwei Jahre und einige Monate, bis ich förmlich Zuflucht zu den Drei Juwelen nahm.

---

17 *A. d. Hrsg.*: Harmsworths *Children's Encyclopedia* betrachtete den Buddhismus zwar als eine „höchst seltsame Weltreligion", die in gewissem Sinne schön, aber auch zutiefst deprimierend war, vermittelte dem jungen Dennis Lingwood (Geburtsname von Sangharakshita) aber gleichwohl eine Einführung in die Religionen des Ostens, darunter auch den Buddhismus. Fürsorgliche Nachbarn hatten ihm die einundsechzig Bände geschenkt, als er als Achtjähriger für die folgenden zwei Jahre mit der Diagnose einer Herzgefäß-Erkrankung ans Bett gefesselt wurde. Die Enzyklopädie wurde zu seiner steten Begleiterin. Siehe *The Rainbow Road from Tooting Broadway to Kalimpong*, in *CW* 20, S. 22. – H. G. Wells, *A Short History of the World* (deutsch: „Die Geschichte unserer Welt", Berlin, Wien, Leipzig: Paul Zsolney Verlag 1926) wurde erstmals 1922 veröffentlicht. Kapitel 28 berichtet in 1700 Worten vom „Leben des Buddha Gautama".

18 *A. d. Hrsg.*: Vgl. *The Rainbow Road*, a. a. O., S. 38 (*CW* 20, S. 22).

4.   U THITTILA UND *PANSIL*

Diese anderen Buddhisten, mit denen ich im Winter 1943-44 Kontakt aufnahm, waren die Mitglieder der *Buddhist Society*, die Christmas Humphreys 1924 in London als buddhistische Loge der Theosophischen Gesellschaft gegründet hatte.[19] Um die Zeit, als ich mit ihnen in Verbindung trat, war ich schon in die Armee einberufen worden, besuchte aber wann immer ich konnte Versammlungen und wurde mit einigen Menschen bekannt. Bei einem dieser Treffen (vielleicht war es ein Wesak-Treffen, doch da bin ich nicht sicher), geschah mir, dass ich von einer in orange gekleideten Gestalt, die am Ende des Zimmers hinter einem Tisch saß, *„pansil* nahm", wie es genannt wurde. *„Pansil"* war die singhalesische Abwandlung des Pāliwortes *pañcasīla* oder „fünf Vorsätze", und man „nahm *pansil"*, indem man die fünf Vorsätze, denen zunächst die Drei Zufluchten vorausgingen, nach demjenigen wiederholte, der die Zeremonie leitete. Zwar sind mir viele Umstände jenes Treffens längst entfallen, doch erinnere ich mich lebhaft, wie wir zu etwa fünfzehn oder zwanzig Leuten mit unseren *Pansil*-Karten in den Händen und mehr oder weniger großer Unsicherheit bezüg-

---

19   *A. d. Hrsg.*: Christmas Humphreys (1901-1983) war ein englischer Anwalt, später Richter, dessen theosophische Interessen ihn zum Buddhismus führten. Zu einer Zeit, als in englischer Sprache nur wenig über Buddhismus vorlag, wurden seine zahlreichen Bücher viel gelesen. Die buddhistische Loge der Theosophischen Gesellschaft war eine der ersten buddhistischen Organisationen in Europa. Nach ihrer Trennung von der Theosophischen Gesellschaft im Jahr 1926 wurde sie in *The Buddhist Society* umbenannt, deren Vorsitzender Humphreys bis zu seinem Lebensende blieb. Bis heute (2019) ist die *Buddhist Society* weiterhin tätig.

lich der Aussprache der unvertrauten Pāli-Wörter an unseren Plätzen standen und dem deutlich artikulierenden, selbstsicheren Christmas Humphreys folgten, der uns im Gesang der Antworten leitete. Am lebhaftesten erinnere ich, wie ich auf die *Pansil*-Karte blickte, die ich in meinen Händen hielt. Auch heute noch kann ich das Rechteck der glänzend weißen Karte sehen, auf der die Zufluchten und Vorsätze in Pāli und Englisch gedruckt waren. Auch heute noch kann ich die Stimme von Christmas Humphrey die *dutiyampis* und *tatiyampis* der Zufluchtsformeln in einer Weise aussprechen hören, die für mein ungewohntes Ohr kaum eine Beziehung zu den gedruckten Worten zu haben schien.[20]

Die orange-gewandete Gestalt, von der ich „*pansil* nahm" und deren kehlige Laute für mich zu tief waren, um sie nachzusingen, war der burmesische Mönch U Thittila.[21] In der Zeremonie rezitierte ich erstmals die Formel, welche, wenn man sie öffentlich nach einem leitenden Buddhisten wiederholt, das „Konvertieren" zum Buddhismus und die förmliche Aufnahme in die buddhistische Gemeinschaft bildet. U Thittila war der erste buddhistische Mönch, den ich gesehen hatte. Aus der Perspektive mancher Entwicklungen, die viele Jahre später in

---

20 *A. d. Hrsg.:* Vgl. „The Rainbow Road ...", *CW* 20, S. 102 f.

21 *A. d. Hrsg.:* Sayadaw U Thittila (1896-1997) wurde 1916 als *bhikkhu* ordiniert. Er studierte in Indien und trug zur Erneuerung des Buddhismus im Süden des Subkontinents bei. In den Jahren 1938-9 ging er nach London, um Englisch zu lernen und in England und Amerika sowie später auch vielen anderen Ländern über Buddhismus zu lehren. Er übernahm verschiedene verantwortliche Aufgaben im burmesischen Sangha und schuf die erste englische Übersetzung des *Vibhaṅga* aus dem *Abhidhamma*, welche die Pali Text Society 1969 mit dem Titel *The Book of Analysis* veröffentlichte.

meinem Leben und Denken als Buddhist eintrafen, ist es bedeutsam, dass er diese Zeremonie leitete und nicht ein eher „orthodoxer" Vertreter des östlichen Buddhismus. Es war bedeutsam, dass U Thittila derjenige war, der die Zeremonie leitete, denn obwohl er bei dieser Gelegenheit das Gewand jenes Zweiges des monastischen Theravāda-Ordens trug, dem er angehörte, trug er es nicht immer. Bei weniger förmlichen Anlässen, beispielsweise wenn er mit den Luftschutzhelfern unterwegs war, trug er die dazu angemessene Art westlicher Kleidung. Jahre später, als ich selbst „eingekleidet" war, erfuhr ich, dass solch ein „nicht orthodoxes" Gebaren keineswegs auf allseitige Zustimmung gestoßen war. In meinen unveröffentlichten Erinnerungen hielt ich dazu fest:

> Engstirnige burmesische Buddhisten hatten ihn massiv kritisiert für sein angebliches Fehlverhalten, gewöhnliche europäische Kleidung zu tragen, wenn er nicht gerade seine religiösen Ämter versah. Englische Buddhisten sahen die Sache durchaus in anderem Licht. Während des gesamten *Blitz*[22] hatte U Thittila als Bahren-Träger gearbeitet und mehrmals sein Leben riskiert, um Menschen aus eingestürzten Gemäuern zu bergen. Als er bemerkte, dass die umfängliche

---

22 *A. d. Ü.*: Mit *Blitz* bezeichnet man im Englischen die Angriffe der deutschen Luftwaffe – besonders auf London – während der „Luftschlacht um England" vom Spätsommer 1940 bis weit in den Frühling von 1941.
Vgl. https://de.wikipedia.org/wiki/The_Blitz (Geprüft am 23. Mai 2019).– Freiwillige Luftschutzhelfer waren auf örtlicher Ebene organisiert und sorgten für Rettungsarbeiten bei Bombenangriffen, die Versorgung geringfügig Verletzter und die Begleitung der Zivilbevölkerung an sichere Orte.

Drapierung seines Gewandes seine Bewegungen behinderte, tauschte er sie klugerweise mit einer praktischeren Kleidung. Menschen, die ihn kannten, sagten, er tue, was er lehre.[23]

Was mich betrifft, war ich immer froh darüber, dass ich die Zufluchten und Vorsätze erstmals von diesem stillen, bescheidenen Mann erhalten hatte, für den – wie wir heute sagen würden – Selbstverpflichtung vorrangig und Lebensstil nachrangig war, ein Mann, der in seinem Herzen, ob er nun ein orangenes Gewand oder eine blaue Montur trug, weder Mönch, noch Laie, sondern schlicht Buddhist war.

---

23 *A. d. Ü.*: Als Sangharakshita diesen Text 1988 vorlas, war die vollständige Ausgabe des ersten Teils seiner Memoiren noch nicht erschienen. Mittlerweile in: *The Rainbow Road* …, a. a. O., S. 102.

5. AUFBRUCH

Zwischen meiner *pansil*-Feier unter U Thittila und meinem „Aufbruch in die Hauslosigkeit" lag ein Zeitraum von mehr als drei Jahren. Die Funkeinheit, der ich angehörte, wurde während jener Zeit nach Übersee verlegt und ich war in Delhi, dann in Colombo, Kalkutta und Singapur stationiert. Ich war chinesischen und singhalesischen Buddhisten begegnet, war dann (endgültig, wie ich damals glaubte) nach Indien zurückgekehrt, hatte Kontakte mit verschiedenen buddhistischen und hinduistischen religiösen Organisationen und Gruppen und eine regelmäßige Übung von Meditation aufgenommen.[24] Nun war ich bereit, in den nächsten der Abschnitte einzutreten, in denen mir Bedeutung, Tragweite und Wichtigkeit des Zufluchtnehmens klarer wurden, und so entsagte ich am 18. August 1947 (drei Tage, nachdem der *Union Jack* von den Fahnenstangen des indischen Subkontinents eingeholt worden war, und acht Tage vor meinem zweiundzwanzigsten Geburtstag) in Kasauli im östlichen Punjab dem häuslichen Leben und brach in das Leben der Hauslosigkeit auf.[25] Mein unmittelbarer Anlass für diesen drastischen Schritt war Desillusionierung mit dem weltlichen Leben zumal in jener Form, wie es von organisierten Religionen verkörpert wurde. Gemeinsam mit dem bengalischen Freund, mit dem ich mich bei meiner Rückkehr nach Indien zusammengetan hatte, hatte ich für das *Ramakrishna Mission Institute of Culture* und für die *Maha Bodhi Society* ge-

---

24 *A. d. Hrsg.*: Zu weiteren Einzelheiten über die Ereignisse während dieser drei Jahre siehe *The Rainbow Road ...*, a. a. O., Kapitel 10 bis 23.
25 *A. d. Hrsg.*: Siehe ebd., S 224 ff.

arbeitet.[26] Kurz davor hatte ich mich in einem Projekt für die Wiederbelebung der *Dharma Vijaya Vahini* engagiert, einer Organisation für die Verbreitung des Buddhismus in Indien, die ein alter Gelehrter, dem ich bei einer interreligiösen Versammlung in Ahmedabad begegnet war, viele Jahre zuvor gegründet hatte. Von all diesen Organisationen sowie auch von der Gruppe, die um eine bekannte Asketin entstanden war, wa-

---

26 *A. d. Hrsg.*: Der bengalische Freund war Robin Banerjee, der später als Buddharakshita ordiniert wurde. Die beiden waren einander in Singapur begegnet, wo Sangharakshita nach dem Ende des Zweiten Weltkrieges ein Jahr lang auf seine Demobilisierung wartete. Als er die Armee verlassen hatte, traf er sich in Indien erneut mit Banerjee (vgl. ebd., S. 146 f. und 158 ff.).
Die Ramakrishna Mission war eine hinduistische Organisation, auf die Sangharakshita erstmals stieß, als er 1944-1945 mit seiner Funkeinheit in Ceylon stationiert war. Die Hingabe der *swamis* der Mission an das spirituelle Leben hatte ihn sehr begeistert, zumal da er, obwohl er sich doch in einem buddhistischen Land befand, keine wirklich spirituell gesinnten Buddhisten zu finden vermochte (ebd., S. 116-129). Ihre Grundideen waren jene des Advaita Vedanta. Über seine Zeit im missionseigenen *Institute of Culture* in Kalkutta und seinem Grund, es wieder zu verlassen, berichtet er ebd., S. 158-164.
Die *Maha Bodhi Society* war 1891 von Anagarika Dharmapala gegründet worden. Ihr ursprüngliches Anliegen war, den weitgehend verfallenen Tempel von *Bodh Gaya* zu restaurieren und den Betrieb des Tempels in buddhistische Hände zu legen, darüber hinaus aber auch andere buddhistische Stätten zu restaurieren und Buddhismus zu verbreiten. Als Sangharakshita 1946 in Indien eintraf, war die *Maha Bodhi Society* noch immer die einzige aktive buddhistische Organisation in Indien. Vgl. die Einführung d. Hrsg. in Sangharakshitas *Beating the Drum*, Ledbury: Ibis Publications, 2012, sowie Sangharakshita, *Anagarika Dharmapala: A Biographical Sketch*, Ledbury: Ibis Publications, 2014 (beide auch in *CW* 8).

ren mein Freund und ich gleichermaßen tief enttäuscht.[27] Mit derartigen Vereinigungen zu arbeiten war anscheinend eher hinderlich als hilfreich für spirituelle Entwicklung. Sie hatten eine natürliche Neigung zu degenerieren und uns stand nur der Weg offen, unsere Verbindung nicht allein mit ihnen, sondern mit der Welt zu kappen. Wie in jenem Teil meiner Erinnerungen berichtet, der 1976 als *The Thousand-Petalled Lotus* veröffentlicht wurde, färbten wir darum unsere Kleidung traditionsgemäß mit Ocker, entledigten uns unserer weltlichen Besitztümer, verabschiedeten uns von unseren Freunden und am nächsten Morgen – dem Morgen des 18. August – machten wir uns zu Fuß auf den Weg, der von Kasauli in die Ebenen führte.

Mit einem derartigen „Aufbruch" folgten wir natürlich einer alten indischen Tradition, einer Tradition, welcher der Buddha selber gut fünfundzwanzig Jahrhunderte zuvor gefolgt war. Sowohl bevor als auch nachdem mein Gefährte und ich den Sprung in das Meer des spirituellen Lebens vollzogen hatten, statt weiter unschlüssig am Ufer zu sitzen, war ich mir sehr bewusst, dass wir mit dem Tausch des häuslichen Lebens gegen das Leben der Hauslosigkeit dem persönlichen Beispiel des Buddha sowie dem vieler seiner nächsten Jünger folgten, und das Bewusstsein in solcher Weise zu handeln, begeisterte und beflügelte mich.[28] Der Aufbruch des Buddha selbst endete am

---

27 *A. d. Hrsg.*: Zur Begegnung mit dem alten Gelehrten „Pandit-ji", sein Vorhaben der Wiederbelebung der *Dharma Vijaya Vahini* sowie zur „Asketin" Anandamayi Ma und ihrer Schüler, zur Ernüchterung sowohl mit ihr als auch mit dem skrupellosen Pandit vgl. *The Rainbow Road* …, a. a. O., Kapitel 18-24.

28 *A. d. Hrsg.*: Dem *Aryapariyesanā-Sutta* (Lehrrede von der Edlen Suche) zufolge beschrieb der Buddha seinen eigenen Aufbruch folgendermaßen: „Später, immer noch in jungem Alter, als schwarzhaariger junger Mann, mit Jugendlichkeit gesegnet, in

Fuß des Bodhibaums, als er die Höchste Erleuchtung erlangte, die während der vorangegangenen sechs Jahre das Ziel seiner „edlen Suche" gewesen war. Was seine Nachfolger anging (das heißt jene von ihnen, die „aufgebrochen waren", sei es, bevor sie ihm begegnet waren oder nachdem sie seine Lehre gehört und daraufhin Zuflucht zu den Drei Juwelen genommen hatten), erlangten manche Erleuchtung, andere aber nicht, je nachdem wie getreu sie dem von ihm gewiesenen Pfad gefolgt waren.[29] Im Laufe der Zeit und zumal nach dem *parinirvāṇa*, dem „großen Verlöschen" des Buddha, wurden Zufluchtnah-

---

der Blüte meines Lebens, rasierte ich mir Kopf- und Barthaar ab, zog die gelbe Robe an und ging von zu Hause fort in die Hauslosigkeit, obwohl meine Mutter und mein Vater das nicht wünschten und mit tränenüberströmtem Gesicht weinten." *Majjhima Nikāya* 26 (i.163), übers. von Kay Zumwinkel in: *Die Lehrreden des Buddha aus der Mittleren Sammlung (Majjhima Nikāya)*, Uttenbühl: Jhana Verlag 2001, Bd. 1, S. 299.

29 *A. d. Hrsg.*: Allein im Majjhima Nikāya finden wir Beispiele einer großen Spannweite von Antworten auf den Buddha und seine Lehre. Da findet sich etwa Saccaka, „ein Debattierer und schlauer Redner, der von vielen als Heiliger angesehen wird" höchst beeindruckt von der Antwort des Buddha auf seine Fragen, doch er nimmt, obwohl „entzückt und erfreut", keineswegs Zuflucht! Siehe *Mahāsaccaka-Sutta*, Majjhima Nikāya 36. In: Zumwinkel, a. a. O., Bd. 1, S. 385 und 399. – Māgandiya ist ein Wanderer, der „die Erlaubnis, unter dem Erhabenen in die Hauslosigkeit zu ziehen" sowie die volle Ordination erhalten hatte und „einer der Arahants" wurde. Siehe *Māgandhiya-Sutta*, Majjhima Nikāya 75 (i.512-3). In: Zumwinkel, a. a. O., Bd. 2, S. 225. – Im *Mahāvacchagotta-Sutta* bestätigt der Buddha, dass es unter seinen Schülern viele *bhikkhus* und *bhikkunīs* gibt, die aufgebrochen waren und Arahantschaft erlangt hatten, sowie auch viele Laienschüler, Männer wie Frauen, die auf dem Pfad zur Erleuchtung weit fortgeschritten, wenngleich nicht ganz erleuchtet waren. Siehe Majjhima Nikāya 73 (i.490 ff.) in: Zumwinkel, a. a. O., Bd. 2, S. 22 ff.

me, „Aufbruch" und sogar „Mönch werden" im späteren engen, eher formalistischen Verständnis, zunehmend miteinander identifiziert (so wie auch der Sangha oder die spirituelle
Gemeinschaft und der Mönchsorden zunehmend miteinander
identifiziert wurden). Es ist eine lange Geschichte, wie es dazu
kam, und ich habe hier nicht genügend Zeit sie zu erzählen.
Ich erwähne das Thema nur, weil ich verdeutlichen möchte,
dass ich mir in dieser Phase meiner Zufluchtnahme über diese Fragen noch nicht klar geworden war. Obwohl ich von U
Thittila *Pansil* genommen hatte, hatte ich noch nicht erkannt,
dass Zufluchtnehmen die zentrale und maßgebende, ja die de-
finitive Handlung im buddhistischen Leben ist (man nimmt
nicht Zuflucht, weil man Buddhist oder Buddhistin ist, sondern
man ist Buddhistin oder Buddhist, weil man Zuflucht nimmt),
und dass „Aufbruch" und „Mönch werden" nur in dem Ausmaß spirituell bedeutsam und wertvoll sind, als sie Ausdruck
der eigenen Zufluchtnahme sind. Ich hatte nicht erkannt, dass
„Aufbrechen" keineswegs bloß eine Frage der Entsagung vom
häuslichen Leben war, sondern vielmehr im Hervortreten des
Individuums – im Sinne eines sich selbst gewahren, emotional
positiven und verantwortlichen Menschen (um nur einige der
kennzeichnenden Merkmale zu nennen) – aus dem Schoß der
Gruppe oder des bloß kollektiven Daseins besteht.[30]

Da ich diesen letzten Punkt noch nicht verstanden hatte,
bestand der nächste Schritt nach dem „Aufbruch" (der im Übrigen zur *śrāmaṇera*- oder „Novizen"-Ordination) formalisiert
worden war) für mich wie für viele östliche Buddhisten, an-

---

30 *A. d. Hrsg.*: Sangharakshitas Auffassung vom Hervortreten
des Individuums aus der Gruppe wird umfassender in *Was
ist der Sangha?* Teil 1, Kap. 5, „Die Gruppe und die spirituelle
Gemeinschaft" behandelt. (Siehe *CW* 3, besonders S. 434-440).

ders als es eigentlich hätte sein sollen, nicht darin, eine (spirituelle) Gemeinschaft von Menschen zu finden, die gleichermaßen Zuflucht genommen hatten und „aufgebrochen" waren, und in diese Gemeinschaft aufgenommen zu werden, sondern vielmehr darin, als *bhikṣu* ordiniert zu werden und damit als Vollmitglied in den klösterlichen Orden einzutreten. Insofern überrascht es nicht, dass mein Gefährte und ich nach unserem „Aufbruch" nicht nur den Buddhismus studieren, sondern auch die Ordination als *bhikṣus* empfangen wollten. Unser ursprünglicher Plan war zu studieren und, sofern möglich, in Ceylon Ordination zu suchen. In Delhi angekommen, verloren wir deshalb keine Zeit, uns nach Süden zu wenden. Allerdings wurde uns bei der Ankunft in Colombo der Eintritt nach Ceylon verweigert[31] und wir sahen uns genötigt, nach Südindien zurückzukehren, wo wir uns nach einigen interessanten Abenteuern schließlich in einem verlassenen Aschram am Stadtrand von Muvattupuzha im Fürstentum Travancore niederließen und fünfzehn Monate lang blieben.[32]

Im Rückblick der Jahre ist es schwierig, das Scheitern unseres ursprünglichen Plans nicht für einen Fall von sprichwörtlichem Glück im Unglück zu halten, denn es ist kaum wahrscheinlich, dass wir in Ceylon die richtigen Bedingungen für unsere spirituelle Entwicklung gefunden hätten. Während der Dauer unseres Aufenthalts in Muvattupuzha verbrachte ich den größten Teil meiner Zeit mit Studium, Meditation und Nach-

---

31 *A. d. Hrsg.*: „In der Überspanntheit unserer Leidenschaft, der Welt zu entsagen, hatten wir alle unsere Ausweispapiere vernichtet." Die jungen Leute erklärten dem Grenzbeamten, der nach ihrer Nationalität fragte, sie hätten keine, da sie der Welt entsagt hätten! Vgl. *The Rainbow Road*, a. a. O., S. 229.
32 *A. d. Hrsg.*: Ebd., Kapitel 25-36.

sinnen und erlangte auf diese Weise ein klareres Verständnis des Dharma, wie er in den Lehren über bedingtes Entstehen, die vier edlen Wahrheiten und die drei Merkmale des bedingten Seins dargestellt ist, sowie auch ein schärferes Gewahrsein für die Tatsache, dass ich Buddhist war.[33] Dieses deutlichere Wissen um meine spirituelle Identität, wie man es nennen mag, verdankte sich wenigstens teilweise der Tatsache, dass ich während unseres Aufenthaltes in Südindien von Hindus aus verschiedenen Kasten und Sekten umgeben war (die wenigen indischen Christen zählten nicht wirklich) und keinerlei Kontakt mit Buddhisten hatte, denn mein Gefährte schätzte zwar durchaus in gewisser Hinsicht den Buddhismus, war aber Brahmane von Geburt und hatte sich noch nicht ganz von seiner hinduistischen Konditionierung befreit. Tatsächlich hatte ich seit meinem Abschied von der Maha Bodhi Society fast zwei Jahre zuvor keinerlei Berührung mit Buddhisten gleich welcher Art gehabt. Doch ungeachtet dieser anhaltenden spirituellen Isolation blieb mein Zugehörigkeitsgefühl zum Buddhismus unerschüttert. Im Gegenteil, es war fester und tiefer verwurzelt als je zuvor, so dass ich um die Zeit, als unser Aufenthalt in Muvattupuzha endete, erneut und viel ernsthafter als je zuvor an Ordination dachte, nicht anders als auch mein Gefährte. Obwohl ich aber erneut an Ordination dachte, stellte ich sie mir doch nicht als das Finden einer spirituellen Gemeinschaft und Aufnahme in sie vor, sondern als *bhikṣu*-Ordination und Eintritt in den monastischen Orden. Anders gesagt: Ich hatte nicht verstanden, dass die Handlung des „Aufbruchs", wenigstens für Buddhisten, ein Übergang aus einem Gruppen- oder bloß kollektiven Dasein, wie es im häuslichen

---

33 *A. d. Hrsg.*: Ebd., S. 302.

Leben verkörpert ist, in eine überkollektive, wenngleich gemeinschaftliche Existenz ist, wie die spirituelle Gemeinschaft sie verkörpert. Ich hatte das nicht verstanden, weil ich während dieser Phase den Unterschied zwischen der Gruppe, die aus jenen besteht, die nur Gruppenangehörige sind, und der spirituellen Gemeinschaft, die aus jenen besteht, die im oben angedeuteten Sinne Individuen sind, noch nicht klar verstand. Weil ich kein klares Verständnis dieses lebenswichtigen Unterschiedes hatte, vermochte ich mir die Möglichkeit nicht vorzustellen, dass ich mit der Ordination als Mönch und dem Eintritt in den klösterlichen Orden vielleicht gar nicht zum „Mitglied" einer spirituellen Gemeinschaft, sondern nur einer *anderen Art von Gruppe* werden könnte – keiner weltlichen, sondern einer religiösen oder sogar kirchlichen Gruppe.

Für mein Unvermögen, den Unterschied zwischen der Gruppe und der spirituellen Gemeinschaft, zwischen Gruppenmitgliedern und Individuen zu verstehen, war ich nicht unbedingt zu tadeln, denn es handelte sich, wie ich erst Jahre später sah, um ein Unvermögen praktisch der gesamten buddhistischen Welt, die zu weiten Teilen in einem monastischen oder pseudo-monastischen Formalismus extremer Art gefangen war. Wenn ich hier den frühen Stadien dieser Geschichte meiner Zufluchtnahme nachgehe, muss ich darauf bedacht sein, nicht zu barsch mit meinem jüngeren, weniger erfahrenen Selbst umzugehen und nicht zu viel von ihm zu erwarten. Wichtiger noch, ich muss darauf achten, dass ich nicht vergesse beziehungsweise das Gefühl dafür verliere oder sogar geringschätze, aus welcher Stimmung spirituellen Hochgefühls ich dem häuslichen Leben entsagte und in das hauslose Leben aufbrach. Unsere früheren Selbste liegen unserem gegenwärtigen Selbst so wie die Katakomben dem modernen Rom zugrunde, oder genauer: Sie leben in unserem gegenwärtigen Selbst weiter und sind gewissermaßen wirklich Teil davon. Das trifft gewiss für meinen „Aufbruch" in Kasauli und die darauffolgende Periode des Rückzugs in Muvattupuzha zu. Ja, obwohl ich damals die volle Tragweite des Schrittes, den ich unternahm, nicht verstand, halte ich meinen „Aufbruch" nicht nur für einen der wichtigsten Abschnitte in der Geschichte meiner Zufluchtnahme, sondern für einen der Hauptwendepunkte in meinem Leben. Als ich im letzten Jahr bemerkte, dass der vierzigste Jahrestag meines „Aufbruchs" bevorstand, spürte ich darum deutlich den Wunsch, diesen Anlass in irgendeiner Weise zu feiern, und sei es nur mit einem Aufsatz, in dem ich meinen „Aufbruch" vergegenwärtigen und über seine Bedeutung nachsinnen würde. Das erwies sich damals als nicht machbar, denn ich befand mich noch in der Genesung von den Operationen, denen ich mich zuvor unterzogen hatte[34] und war außerdem mit dem Ordinationsretreat für Frauen und den verschiedenen Ordenskonventen beschäftigt. Als der 18. August kam, befand ich mich - durchaus angemessen - in Guhyaloka, wo ich den Tag still für mich selbst feierte.[35] Als ich auf der Terrasse meines Bungalows saß und über die hellgrünen Pi-

---

34 *A. d. Hrsg.*: Im Sommer 1987 erhielt Sangharakshita Notbehandlungen gegen Prostata-Beschwerden.

35 *A. d. Hrsg.*: Guhyaloka, die „geheime Welt", ist ein Tal in den Bergen der Sierra Aitana im Süden Spaniens. Seit 1987 werden dort alljährlich viermonatige - und einige kürzere - Ordinationsklausuren für Männer abgehalten. Oben im Tal liegt das Retreatzentrum, am Eingang des Tals ein Haus für die dort wohnende Gemeinschaft, und auf halbem Weg zwischen beiden befindet sich ein Bungalow, den Sangharakshita bei seinen Besuchen im Tal bewohnte.

nien unseres zauberhaften Tals hinweg auf die direkt gegenüber liegenden Wände grauen Felsgesteins blickte, blitzte vor
meinem „inneren Auge" die kleine *Hill Station* im fernen Indien auf und mein saffranfarben gekleidetes, zweiundzwanzig
Jahre altes Selbst bei seinem „Aufbruch" an jenem schicksals-
trächtigen Morgen vor all diesen Jahren, und ich sann über den
Schritt nach, den ich unternommen und die Folgen, die er für
mich und andere gebracht hatte.

Ein Gedanke, der mir kam, wie ich da im Sonnenschein saß,
war, dass Erfahrungen wie *Pansil*-Nehmen und „Aufbrechen"
mehr als bloß Abschnitte des langen Entdeckungsprozesses
waren, durch die mir Bedeutung und Tragweite der Zufluchtnahme allmählich klar wurden; jeder Abschnitt hatte, ganz abgesehen von jenem Prozess, auch eine eigene Wertigkeit und
Tragweite, die um ihrer selbst willen gewürdigt werden sollte.
Ich habe aber hier nicht die Zeit, die Implikationen dieses Ge-
dankens zu entwickeln oder ihre Bedeutung für den eigentlichen Entdeckungsprozess zu erwägen, dessen nächstem Abschnitt ich mich nun zuwenden muss.

6. *ŚRĀMAṆERA*-ORDINATION

Die Szenerie dieses nächsten Abschnitts war Kusinara, die Stätte des *parinirvāṇa* oder großen Verlöschens des Buddha. Mein Gefährte und ich kamen dort wenige Tage vor Wesak an, nachdem wir den ganzen Weg von Benares in der heißesten Jahreszeit gewandert waren. Wie in *The Thousand-Petalled Lotus* eingehend berichtet wird, hatten wir Muvattupuzha vier oder fünf Monate zuvor verlassen und waren allmählich Richtung Norden gegangen, um die heiligen buddhistischen Stätten aufzusuchen und, wenn möglich, formale Ordination als buddhistische Mönche zu erhalten.[36] Zu dieser Zeit war mein Verlangen nach Kontakt mit anderen Buddhisten, das schon zum Zeitpunkt unseres Abschieds aus Muvattupuzha recht stark gewesen war, unerträglich heftig geworden. Es hatte sich auch auf Sarnath gerichtet, wo der Buddha seine erste Lehrrede gehalten hatte und wo es nach meiner Kenntnis ein Zentrum der Maha Bodhi Society und eine kleine Klostergemeinschaft gab. Hier hatten wir uns darum vorgestellt, und hier waren wir zu unserer bitteren Enttäuschung mit Feindseligkeit und Misstrauen empfangen worden, und man hatte unsere Bitte um Ordination mit fadenscheinigen Ausreden abgewiesen, die, wie wir später herausfanden, kaum anderes als Lügen waren.[37] Auf Anraten eines Mönch-Gelehrten in Benares, dessen Schüler ich später wurde[38], hatten wir uns deshalb entschieden, in Kusinara Ordination zu suchen. Da wir kein Geld hatten, legten

---

36 *A. d. Hrsg.*: Siehe *The Rainbow Road*, a. a. O., Kapitel 38-44.

37 *A. d. Hrsg.*: Ebd., S. 389 ff.

38 *A. d. Hrsg.*: Dies war Jagdish Kashap, bei dem Sangharakshita Pāli, Abhidharma und Logik an der *Benares Hindu University* studierte. Siehe ebd., S. 394 f. und 442-456.

wir die Reise von etwa einhundert Meilen zu Fuß zurück – ein beschwerliches und in jener Jahreszeit durchaus gefährliches Unterfangen.

In Kusinara erging es uns besser als in Sarnath (schlechter wäre auch kaum möglich gewesen). U Chandramani Maha Thera, der zweiundsiebzigjährige burmesische Mönch, der sein Leben der Wiederherstellung dieses Ortes geweiht hatte[39], hörte unsere Bitte wohlwollend an, stellte einige Fragen, versprach, unser Anliegen zu erwägen und informierte uns nach einigen Tagen, er sei, sofern wir nur klar verstünden, dass er keine Verantwortung für unsere weitere Ausbildung übernehmen und wir auch nicht mit ihm in Kusinara bleiben könnten, bereit uns zu ordinieren. Am Morgen des Wesak-Tages, dem 12. Mai 1949, erhielten mein Gefährte und ich von U Chandramani die Ordination als *śrāmaṇera*s oder Mönchsnovizen, indem wir nach ihm die Drei Zufluchten und die zehn *śrāmaṇera*-Vorsätze wiederholten.[40] Für mich bestand die vorrangige Bedeutung des Anlasses in der Wiederaufnahme meines Kontaktes mit

---

39 *A. d. Hrsg.*: U Chandramani (1876-1972) lebte seit 1904 in Kusinara. Er setzte sich dort sowie in Sarnath, Lumbini und anderen buddhistischen Stätten für die Wiederherstellung der Viharas und Stupas ein. Er galt als Senior der in Indien lebenden *bhikkhus*, und aus diesem Grund empfahl Sangharakshita später, man solle ihn bitten, die Bekehrungsfeier für Dr. Ambedkar und seine Frau während der Massenversammlung im Jahr 1956 zu leiten, woraufhin dann Dr. Ambedkar selbst das Konvertieren der versammelten Hunderttausenden leiten würde. Siehe *The Rainbow Road*, a. a. O., S. 494 ff. und Kapitel 10 dieser *Geschichte*.

40 *A. d. Hrsg.*: Zu Sangharakshitas *śrāmaṇera*-Ordination und seiner Namensgebung als „Sangharakshita" siehe *The Rainbow Road*, a. a. O., Kapitel 45. – Die zehn *śrāmaṇera*-Vorsätze sind im Anhang der hier vorliegenden *Geschichte* zu finden.

anderen Buddhisten (in Sarnath war er kaum erneuert worden) sowie in der Formalisierung meines „freischwebenden" Aufbruchs fast zwei Jahre zuvor und der damit einhergehenden Normalisierung meiner bislang uneindeutigen Stellung in der (monastischen) Gemeinschaft – eine Normalisierung, die mir, so hoffte ich, den Weg bahnen würde, *bhikṣu* zu werden. Somit war mein Wunsch nach Kontakt mit anderen Buddhisten zwar durchaus intensiv, doch ihm mangelte es an Klarheit, und er war eigentlich weniger ein Wunsch, die spirituelle Gemeinschaft zu finden und in sie aufgenommen zu werden, als ein Wunsch, dem Mönchsorden als solchem beizutreten. Der Grund dafür war, dass ich eigentlich nicht im Sinne von Zufluchtnahme, sondern eher im Sinne von „Mönch werden" dachte, weil ich bisher nicht erkannt hatte, dass die Handlung des Zufluchtnehmens die zentrale und maßgebende Handlung des buddhistischen Lebens ist, während Mönch zu werden (mitsamt formellem Aufbruch) nur in dem Grad spirituell bedeutsam und wertvoll ist, als es ein echter Ausdruck des eigenen Zufluchtnehmens ist.

Damit ist nicht gesagt, dass das förmliche Nehmen der Drei Zufluchten keinen wichtigen Platz in der Ordinationszeremonie gehabt hätte. Tatsächlich war es sogar sehr deutlich, wenngleich in einer Weise, die seine wirkliche Tragweite eher verbergen als bekunden mochte. Das Nehmen der Drei Zufluchten (und der zehn *śrāmaṇera*-Vorsätze) war bloß eines der Dinge, die man tat, wenn man zum Mönchsnovizen wurde. Es wurde nicht als das angesehen, was das wahre Wesen echten Mönchtums ausmachte, und mit dem verglichen das Scheren von Haar und Bart, das Anlegen vorschriftsmäßig zugeschnittener Safran-Roben, das Vorweisen der Almosenschale (sowie

Gürtel, Sieb, Nadel und Rasiermesser), die Verbeugung zu Füßen des Präzeptors, die Entgegennahme ebensolcher Verbeugungen seitens der Laien, sowie die Teilnahme an der feierlichen Speisung und dergleichen mehr so

> *Wertlos wie verwelkte Gräser,*
> *Oder träger Wellenschaum in unendlicher Meeresweite*[41]

waren.

Alldieweil sich U Chandramani sehr darum kümmerte, dass ich die Worte der Zufluchtsformeln ganz korrekt aussprach – auf Pāli wie auch auf Sanskrit –, und während er sich große Mühe gab, dies sicherzustellen, hatte er gar nichts zur *Bedeutung* jener Worte und zur Tragweite des Aktes der Zufluchtnahme selbst zu sagen, so dass ich in wenigstens einer Hinsicht nach meiner *śrāmaṇera*-Ordination nicht weiser war als nachdem ich von U Thittila *pansil* empfangen hatte. Bei unserem ersten Treffen indes hatte sich U Chandramani befriedigt darüber gezeigt, dass ich nicht nur fünf Jahre zuvor *pansil* genommen hatte, sondern dies sogar von einem *burmesischen* Mönch, und diese Tatsache trug wahrscheinlich zu seiner Entscheidung bei, unsere Bitte – oder wenigstens meine – um Ordination zu gewähren. Wie dem auch sei: Obwohl ich den Stellenwert der Zufluchtnahme im buddhistischen Leben noch nicht erkannt hatte – oder genauer, noch nicht erkannt hatte, dass Buddhist zu sein und Zuflucht zu nehmen tatsächlich ein und dasselbe waren – war ich mir bewusst, dass es zwischen meiner *pansil*-Feier in London und meiner Mönchsordination in Kusinara eine deutliche Kontinuität gab, eine Kontinuität, die

---

41 „Worthless as withered weeds, / Or idlest froth amid the boundless main". Aus dem Gedicht „No Coward Soul is Mine" von Emily Brontë (1818-1848).

weniger mit der Nationalität meiner beiden Präzeptoren als mit den Drei Juwelen oder den Drei Zuflüchten selbst zu tun hatte.

Da ich den Mangel an Klarheit betont habe, mit dem ich die *śrāmaṇera*-Ordination erhielt, möchte ich diesen Abschnitt nicht enden, ohne die Balance ein wenig auszugleichen und zu betonen, welch ein überaus positives Ereignis diese Ordination für mich war. Ich war entzückt, erregt, beschwingt und begeistert und zugleich äußerst dankbar für all die Güte, die ich aus den Händen von U Chandramani und seiner kleinen Gefolgschaft empfangen hatte. So wie der Empfang von *pansil* und mein Aufbruch, so war auch meine *śrāmaṇera*-Ordination nicht nur Teil eines größeren Prozesses, sondern für sich selbst wertvoll und bedeutsam.

7.   BHIKṢU-ORDINATION

In vielen Teilen der buddhistischen Welt folgt die *bhikṣu-*
Ordination sofort auf die *śrāmaṇera*-Ordination, sofern der
Kandidat zwanzig Jahre oder mehr alt ist. In meinem Fall vergingen eineinhalb Jahre, bis ich die höhere Ordination, wie sie
auch genannt wurde, empfangen konnte. Hauptgrund für den
Aufschub war, dass es in einem nicht-buddhistischen Land wie
Indien nicht leicht war, die Mindestzahl von zehn *bhikṣus* für
die korrekte Durchführung der Zeremonie zusammen zu bringen. Man konnte sie gewöhnlich an wichtigeren Festtagen zu-
sammenbringen, wenn sich unter den Tausenden von Pilgern,
die aus vielen Teilen der buddhistischen Welt zu den heiligen
Stätten Nordost-Indiens schwärmten, auch *bhikṣus* befanden.
So kam es, dass ich, eigens zu diesem Zweck aus Kalimpong
angereist, am 24. November 1950, einem Vollmond-Tag und
neunzehnten Jahrestag der Eröffnung des Mulangandhakuti
Viharas in Sarnath meine *bhikṣu*-Ordination erhielt.[42]

Die Zeremonie fand im burmesischen Tempel in Anwesenheit von 40 bis 50 Menschen statt und dauerte etwa eine
Stunde. U Chandramani war unabkömmlich und ein sehr bekannter Prediger aus Rangoon nahm seine Stelle als Präzeptor (*upādhyāya*) ein[43], und so standen meine *bhikṣu*-Ordination,
meine *pansil*-Feier wie auch meine śramaṇera-Ordination al-

---

42   *A. d. Hrsg.*: Der Mulangandhakuti Vihara war von Anagarika
Dharmapala gegründet worden, über den Sangharakshita wenig
später eine kurze Biographie verfasste. Siehe *Anagarika Dharmapala: A Biographical Sketch.* Ledbury: Ibis Publications 2014,
besonders S. 63 ff.

43   *A. d. Hrsg.*: Dies war U Kawinda Sayadaw, „ein ruhig spre-
chender, sanftmütiger Mann von etwa fünfzig Jahren". Siehe
Facing Mount Kanchenjunga, CW 21, S. 107.

lesamt unter der Schirmherrschaft des burmesischen Zweiges des Theravāda Mönchordens. Da ich in der bisher unvollendeten Fortsetzung von *The Thousand-Petalled Lotus*[44] einen ziemlich detaillierten Bericht von der Zeremonie gebe, will ich hier nur jene ihrer Aspekte erwähnen, die im jetzigen Zusammenhang, dem Nachzeichnen der Geschichte meiner Zufluchtnahme, von Belang sind. Was mir damals wie auch in der Folge am stärksten auffiel, war die Tatsache, dass es nirgends in der Zeremonie einen Platz für Zufluchtnahme im Sinne der Wiederholung der Zufluchtsformeln nach dem Präzeptor gab. Ich musste sie zwar durchaus als Teil der erneuten *śrāmaṇera*-Ordination, die im Einklang mit der Überlieferung meiner Ordination als *bhikṣu* vorausging, meinem Lehrer (ācārya) nachsprechen, doch in der *bhikṣu*-Ordinationszeremonie selbst kam Zufluchtnahme in keiner Weise vor und wurde auch anschließend nicht einmal erwähnt. Dies war um so bemerkenswerter als – wie ich erst viel später herausfand – die *bhikṣu*-Ordination in der Frühzeit des Buddhismus schlicht in der dreimaligen Wiederholung der Zufluchtsformeln bestand.[45] Hingegen wurden

---

44 *A. d. Hrsg.*: Diese „unvollendete Fortsetzung" wurde drei Jahre später bei Windhorse Publications in Glasgow unter dem Titel *Facing Mount Kanchenjunga* veröffentlicht. Siehe auch *CW* 21. Über die *bhikṣu*-Ordination und die bei der Zeremonie Anwesenden wird dort auf den Seiten 106-109 berichtet.

45 *A. d. Hrsg.*: Siehe beispielsweise die Gruppe junger Männer, die vom Erhabenen „die Ordination und die Vollordination" erhielten und in den Mönchsorden eintraten, Vinaya Piṭaka i. 23–4 (*Mahāvagga* 1.14). Übers. von Maitrimurti-Trätow, abrufbar unter: http://www.palikanon.de/vinaya/mahavagga/ mv01_02_07-14.htm – Oder die Aufnahme der Wanderer Sāriputta und Moggallāna als *bhikkhus*: Vinaya Piṭaka i.43 (Mahāvagga 1.24), a. a. O. http://www.palikanon.de/vinaya/mahavagga/mv01_04_22-24.htm . –Siehe auch die Begegnung des

die vier Bedarfsgegenstände (*nissaya*) der Mönche erwähnt, die mir der Präzeptor nach der eigentlichen Zeremonie erklärte: Idealerweise solle ein Mönch sich auf Almosenspeisen, Lumpen als Kleidung, das Dach eines Baumes als Unterkunft und Kuh-Urin als Medizin stützen. Falls er dies zu schwierig fände, dürfe er Einladungen zu Mahlzeiten annehmen, Kleidung aus verschiedenen Materialien tragen, in einem Haus oder einer Höhle leben und im Krankheitsfall „Butterschmalz, Butter, Öl, Honig, Melasse" zu sich nehmen.[46] Demnach wurde auf menschliche Schwächen durchaus Rücksicht genommen, doch ich konnte nicht anders als mich fragen, ob ein Mönch sich nicht eher mit den vier Bedarfsgegenständen begnügen würde, wenn man ihm nicht so rasch nach seiner Ordination den Eindruck vermitteln würde, dass man eigentlich gar nicht von ihm erwartete, sie ernst zu nehmen.

Während der Ordination selbst wurde ich aber von solcherlei Zweifeln und Bedenken nicht bedrückt. Ja, ich war überhaupt von nur ganz wenigen Gedanken getrübt, und dies deshalb, weil das Verfahren großenteils in „burmesischem Pāli" ablief und ich während der meisten Zeit frei war, mich in die von dem Geschehen bewirkte positive Stimmung einzulassen. In dem geweihten Bereich war ich von Mönchen aus vier verschiedenen Nationalitäten vollständig umgeben, unter ihnen auch die *bhikṣus* der Maha Bodhi Society, die achtzehn Mo-

---

Buddha mit Anāthapiṇḍika, die mit den Worten der Zuflucht endet: „Ich nehme, o Herr, zum Erhabenen (meine) Zuflucht und zur Lehre und zur Mönchsgemeinde." Siehe Vinaya Piṭaka ii. 156 (*Cullavagga* 6.4), übers. von Maitrimurti-Trätow, abrufbar unter: http://www.palikanon.de/vinaya/culla-vagga.html.

46 *A. d. Hrsg.*: Siehe Vinaya i.58 (*Mahāvagga* 1.30). Übers. von Maitrimurti-Trätow, abrufbar unter: http://www.palikanon.de/vinaya/mahavagga/mv01_05_25-30.htm.

nate zuvor meine Bitte um Ordination abgelehnt hatten. Außerhalb des geweihten Bezirks waren die Mönche von Laien, Männern und Frauen aus wenigstens sechs Nationen umgeben, doch unmittelbar hinter den Mönchen und noch vor den Laien befand sich ein inkarnierter tibetischer Lama[47], den man als Wahrer des Bodhisattva-Ideals als jemanden ansehen konnte, der die Spaltung zwischen Mönchen und Laien aufhob. Insofern war es nicht überraschend, dass ich mir trotz des Fehlens einer Stelle für Zufluchtnahme – und nicht zuletzt auch angesichts meines eigenen Mangels an Klarheit über dieses überaus wichtige Thema – in einer bisher von mir nicht gekannten Weise des dritten Juwels bewusst war. Ob dieses Bewusstsein schon auf Zufluchtnahme zur spirituellen Gemeinschaft im strengen Sinn hinauslief, ist zu bezweifeln, doch es gab mir wenigstens eine erste Ahnung davon, was eine solche Zuflucht wirklich war.

---

47 *A. d. Hrsg.*: Dies war Kusho Baula, ein bekannter Ladakhi, „eine unnahbare, mysteriöse Gestalt ... mit einem Ausdruck bemerkenswerter Nachdenklichkeit und Verfeinerung", siehe *Facing Mount Kanchenjunga*, in *CW* 21, S. 107.

8. „ZUFLUCHT ZUM BUDDHA NEHMEN"

In der Einleitung erwähnte ich die „chinesischen" Gedichte, die ich in Quartermaine, kurz nach den ersten Ordinationen in den Westlichen Buddhistischen Orden, schrieb. Das waren beileibe nicht meine ersten Gedichte, und es sollten auch nicht meine letzten sein. Tatsächlich schrieb ich etwas ähnliches wie Gedichte, seit ich elf oder zwölf Jahre alt war, und wahrscheinlich bin ich noch immer nicht am Ende damit. Viele meiner Gedichte geben Gedanken oder Gefühlen Ausdruck, die aus dem einen oder anderen Grund keine andere Bahn finden konnten. Wie unzulänglich sie als Dichtung auch sein mögen, sind sie doch vielleicht interessant und wertvoll als Andeutungen meiner Geistesverfassung zum Zeitpunkt ihrer Niederschrift.[48] Im Vorwort von *The Enchanted Heart* kommentierte ich die Auswahl der darin aufgenommenen Gedichte aus den Jahren 1946-1976 folgendermaßen:

> Viele von ihnen, wenn nicht die meisten, sind nur von biographischem – vielleicht sogar gefühlsseligem – Interesse. Sie geben vorübergehenden Stimmungen und Launen wie auch tieferen Erfahrungen und Einsichten Ausdruck. Sie spiegeln auch meine Antwort

---

48 *A. d. Hrsg.*: Sangharakshita schrieb auch nach 1988 Gedichte, wenngleich nicht mehr so viele wie in einigen der früheren Jahre. Seine Gedichte seit 1988 finden sich in *Complete Poems 1941-1994* (Birmingham: Windhorse Publications 1995), *The Call of the Forest*, Birmingham: Windhorse Publications 2000 und *A Moseley Miscellany*, Ledbury: Ibis Publications 2015. Sämtliche erhaltenen Gedichte wurden auch in *CW* 25 [s. FN 50] aufgenommen.

auf meine Umgebung wider. Damit bilden sie eine Art spiritueller Autobiographie, die sicherlich bruchstückhaft ist, doch vielleicht Seiten meines Lebens offenbart oder wenigstens andeutet, die andernfalls unbekannt bleiben würden.[49]

Das trifft gewiss für ein Gedicht mit dem Titel „Taking Refuge in the Buddha" zu, das ich schrieb, als ich ein wenig länger als zwei Jahre *bhikṣu* gewesen war.[50] Das Gedicht wurde in Kalimpong geschrieben, wo ich während der vergangen drei Jahre nach besten Kräften versucht hatte, der Verfügung meines Lehrers Kashyapji zu gehorchen: „Bleibe hier und arbeite für das Wohl des Buddhismus".[51] Weder in meiner Arbeit für den Buddhismus noch in meinem persönlichen Leben hatte ich die Hilfe und Mitarbeit erhalten, zu der ich mich berechtigt glaubte, und das Gedicht drückte meine tiefe Enttäuschung und Frustration aus. Die Umstände, die zu seiner Niederschrift führten, sind in meinem damals geführten Tagebuch knapp beschrieben. Der Eintrag für Montag, den 26. Januar, lautet:

> Puja und Meditation. Joe's gestrige Bemerkung gab mir das Gefühl, dass ich keine irdische Zuflucht hatte und niemand mich verstand oder mit dem Ziel sympathisierte, das ich zu erreichen suchte. In dieser Stim-

---

49 *A. d. Hrsg.*: *The Enchanted Heart* wurde auf farbigem Papier gedruckt und 1980 in London von Ola Leaves verlegt. Das aktualisierte Vorwort wurde in die *Complete Poems 1941-1994* aufgenommen.

50 *A. d. Hrsg.*: Siehe *Complete Poems 1941-1994*, a. a. O., S. 161-163 (auch *CW* 25). In *Facing Mount Kanchenjunga* (*CW* 21, S. 429) beschreibt Sangharakshita, wie es zum Verfassen dieses Gedichts kam.

51 *A. d. Hrsg.*: Siehe *Facing Mount Kanchenjunga*, in *CW* 21, S. 7.

mung fiel mir eine Zeile ein, die ich vor einigen Monaten als Refrain eines Gedichtes verfasst hatte, und während des Frühstücks formulierte ich die ersten eineinhalb Strophen von *Taking Refuge in the Buddha*. Anschließend kam Sachin und wir lasen einige Sonetten von Shakespeare und studierten ein Kapitel Logik, worüber ich ihm sieben Seiten Notizen diktierte. Als er gegangen war, vollendete ich das Gedicht.

Der in diesem Auszug erwähnte Joe war ein älterer und extrem übellauniger kanadischer Buddhist, der sich mit der Absicht, mir bei meiner Arbeit zu helfen, in Kalimpong niedergelassen hatte. Sachin war ein begabter nepalesischer College-Student, dem ich Nachhilfe in Englisch und Logik gab und für den ich etwas später meinen Essay „Advice to a Young Poet" schrieb.[52]

„Taking Refuge in the Buddha" ist zu lang, um es hier vollständig zu zitieren, doch seine sieben Achtzeiler bilden eine volltönende Erklärung meiner Herzensüberzeugung, dass es für mich keine Zuflucht in den Schönheiten der Natur, keine Zuflucht in der Welt der Literatur und Künste, keine Zuflucht in Politik, keine Zuflucht in beruflichen oder wirtschaftlichen Unternehmungen, keine Zuflucht in Christentum, Islam oder Hinduismus, keine Zuflucht in den Observanzen des üblichen Buddhismus, überhaupt keine Zuflucht im bedingten Dasein und nicht einmal eine Zuflucht in einem bloß als Gegenteil von *saṃsāra* verstandenen Nirvāṇa geben konnte. Zuflucht für mich konnte es nur zu Füßen des Buddha, jenseits der Spaltung von Subjekt und Objekt geben. Die Tatsache, dass ich in

---

52 A. d. Hrsg.: „Advice to a Young Poet" (Rat an einen jungen Dichter) ist in *The Religion of Art* enthalten: Glasgow: Windhorse Publications 1986, S. 101-102 (*CW* 26).

diesem Gedicht nur von Zufluchtnahme beim (oder eigentlich „im") Buddha sprach, bedeutete natürlich nicht, dass ich nicht auch in gleicher Weise im Dharma und im Sangha Zuflucht nahm; es bedeutete nur, dass meine Zuflucht im Dharma und Sangha in meiner Buddha-Zuflucht enthalten war, so wie auch der Dharma-Juwel und der Sangha-Juwel ihrerseits im Buddha-Juwel enthalten sind. Wie Gampopa in *Der kostbare Schmuck der Befreiung* darlegt, dessen englische Übersetzung ich gleich nach ihrem Erscheinen fünf Jahre später begeistert las, ist einzig der Buddha die höchste Zuflucht.

> Die Buddhas sind also [aus zwei Gründen] die wahre Zuflucht: weil sie der Wahrheitskörper [*Dharmakāya*] jenseits von Entstehen und Vergehen, völlig gereinigt und frei von Begierden sind und weil auch die Gemeinschaft der Praktizierenden der drei Fahrzeuge [d. h. die *śrāvakas*, die *pratyekabuddhas* und die *bodhisattvas*] erst im Erlangen des letztendlichen, vollkommen reinen Wahrheitskörpers ihr Ziel verwirklicht und Erfüllung findet.[53]

Fragt man, warum der Dharma und der Sangha nicht die höchste Zuflucht sind, dann wird eine negative Antwort gegeben, denn Gampopa erklärt weiter und stützt sich dabei auf den *Mahāyāna-uttaratantra*:

---

53 Zitiert aus: Djetsün Gampopa, *Der kostbare Schmuck der Befreiung. Eine Einführung in die Grundlagen des buddhistischen Weges im Großen Fahrzeug.* Übersetzt von Lama Sönam Lhundrup. Dritte, überarb. Aufl., Obermoschel: Norbu Verlag 2007, S. 107. – Vgl. auch Gampopa, *Juwelenschmuck der Geistigen Befreiung. Das Buch des tibetischen Buddhismus.* Übers. von Herbert Günther. München: Eugen Diederichs Verlag 1998, S. 112. (*A. d. Ü.*)

Nun, was die beiden Aspekte der edlen Lehre angeht, so kann der Dharma der Unterweisungen keine
bleibende Zuflucht sein, weil er nur eine Sammlung
von Worten und Buchstaben ist, die wir wie ein Floß
hinter uns lassen müssen, wenn wir das andere Ufer
erreichen. Der Dharma der Verwirklichung hat sei-
nerseits zwei Aspekte: Die Wahrheit des Weges ist etwas Bedingtes und deshalb vergänglich und trügerisch
– sie ist daher keine bleibende Zuflucht. Und auch
die Wahrheit vom Aufhören des Leides kann keine
bleibende Zuflucht sein, da sie – gemäß der Tradition
der Hörer – als nicht existent betrachtet wird: das
bloße Ende eines Kontinuums, vergleichbar mit dem
Verlöschen einer Butterlampe. Die edle Gemeinschaft
schließlich nimmt selber aus Angst vor dem Daseins-
kreislauf Zuflucht zu Buddha. Weil sie also Angst hat,
kann auch sie keine bleibende Zuflucht sein. [...]
„Kurz gesagt: Es gibt nur eine Zuflucht, aber als
Methode ist sie dreifach" [aus dem *Sūtra der Großen
Befreiung*].[54]

Die Zufluchten sind also nur dreigeteilt, um Menschen verschiedener spiritueller Vermögen anzuziehen. Obwohl ich es
damals noch nicht wusste, stand doch die Überzeugung, der
„Taking Refuge in the Buddha" Ausdruck verlieh – die Überzeugung, dass es eine Zuflucht für mich nur beim Buddha geben konnte – in vollem Einklang mit der besten buddhistischen Überlieferung.

Als ich das Gedicht in meine „Gedicht-Kladde" übertrug,
schrieb ich an seinen Anfang, gewissermaßen als Motto, die

---

54 Ebd.

Worte *Naṭṭhi me saraṇaṃ aññaṃ, Buddho me saraṇaṃ varaṃ*, „Keine andere Zuflucht als der Erwachte, Er ist die höchste Zuflucht für mich". Diese Worte waren ein Zitat aus der *Tiratana Vandanā*, der „Begrüßung der Drei Juwelen", die ich, seit ich *śrāmaṇera* geworden war, als Teil meiner täglichen Andacht rezitiert hatte. Kurze Zeit nach meiner *bhikṣu*-Ordination hatte ich die *Vandanā* selbst in englische Verse übertragen:

> *To all the Buddhas [or Dharmas or Sanghas] of the past,*
> *To all the Buddhas yet to be,*
> *And all the Buddhas that now are,*
> *My worship flows unceasingly.*
> *No other refuge than the Wake [or the Law, or the Brotherhood] –*
> *Refuge Supreme – there is for me!*
> *Oh by the virtue of this truth*
> *May grace abound, and victory!*

[Alle Erwachten der Vergangenheit, / Alle Erwachten, die erst kommen werden, / Alle Erwachten, die es nun gibt, / Verehre ich ohne Unterlass. / Keine andere Zuflucht als der Erwachte, / Er ist die höchste Zuflucht für mich. / O, mögen aus der Kraft dieser Wahrheit / Gutes Gelingen und Sieg entspringen.][55]

Obwohl ich die *Vandanā* in Pāli und nicht in Englisch rezitierte, beunruhigten mich die Worte „Oh, by the virtue of this truth / May grace abound, and victory!" in einer Weise, wie es die entsprechenden Pāli-Worte nie taten. Mit ihrem schwachen Anklang an die Worte Bunyans und, noch schwächer, jene des

---

55 *A. d. Hrsg.*: Zum ursprünglichen Pāli-Text der *Tiratana Vandanā* und Sangharakshitas Seminar darüber siehe *CW* 15 (noch nicht erschienen).

Heiligen Paulus[56], waren die Worte „May grace abound, and victory!" keine ganz wortgetreue Übersetzung der Worte *hotu me jayamaṅgalaṃ*, doch ich meinte, dass sie ihren Geist wahrlich gut trafen. Das mag stimmen oder nicht, ohne Zweifel trug die Tatsache, dass ich die *Tiratana Vandanā* täglich rezitierte und „May grace abound, and victory!" bei allen möglichen Gelegenheiten flüsterte, zum Anwachsen des Gefühls und der Überzeugung bei, die in einer Zeit von Enttäuschung und Frustration Ausdruck fand in „Taking Refuge in the Buddha".

---

56 *Grace Abounding to the Chief of Sinners* ist eine religiöse Abhandlung des Predigers und Schriftstellers John Bunyan (1628-1688), die er während seiner zwölfjährigen Gefängnishaft aufgrund unerlaubten Predigens verfasste. Der Ausdruck *Grace Abounding* knüpft an eine Wendung in Römerbrief 5:20 an, wo es – in der Übertragung der Lutherbibel 2017 – heißt: „Wo aber die Sünde mächtig geworden ist, da ist die Gnade noch viel mächtiger geworden", im Englischen „Where sin abounded, grace did much more abound". Deutsches Bibelzitat abrufbar unter https://www.bibleserver.com/text/LUT/Römer5 (Geprüft am 13. März 2019). (*A. d. Ü.*).

9. A Survey of Buddhism

Die Niederschrift von *A Survey of Buddhism* erfolgte von Ende 1954 bis Anfang 1956 auf der Grundlage von Vorlesungen des Sommers 1954 in Bangalore; 1957 erschien das Buch im Druck.[57] Gelegentlich wird es mein *magnum opus* genannt, und das ist es bestimmt insofern, als es die umfassendste und systematischste meiner Schriften über den Buddhismus ist. Gleichwohl ist es durchaus ein Frühwerk. Als ich die ihm zugrunde liegenden Vorlesungen hielt, war ich seit dreizehn Jahren Buddhist und seit fünf Jahren Mönch, und die Vorlesungen selbst, wie ihre anschließende Aufbereitung als Buch, gaben mir, wie ich im Vorwort zur fünften Auflage des *Survey* schrieb,

> die Gelegenheit zurückzutreten und einen Blick auf die große spirituelle Überlieferung zu richten, der ich mich verpflichtet hatte, sowie zu versuchen, zu meinem eigenen Vorteil wie zum Nutzen anderer zusammenzufassen, was ich im Laufe dieser dreizehn Jahre als Buddhist gelernt hatte und wie ich nach dieser ganzen Zeit die Lehre des Buddha sah. Anders gesagt, gaben sie mir die Gelegenheit herauszufinden, was ich wirklich über den Buddhismus dachte – was Buddhismus wirklich für mich bedeutete.[58]

---

57 Siehe *CW* 1. Die deutsche Übersetzung des ersten Teils des „Survey", *Buddhadharma. Auf den Spuren des Transzendenten*, Essen: Do Evolution 1999. Die Übersetzung des gesamten Buches wird voraussichtlich im Jahre 2021 online erscheinen. – In Kapitel 9 f. des dritten Bandes seiner Autobiographie, *In the Sign of the Golden Wheel*, berichtet Sangharakshita, wie es zu den Vorlesungen in Bangalore kam, die als Buch ausgearbeitet und zur Veröffentlichung vorbereitet wurden (*CW* 22).

58 Sangharakshita, *A Survey of Buddhism*, in: *CW* 1, S. 6.

Seither sind mehr als dreißig Jahre vergangen. Inzwischen bin ich nicht erst seit dreizehn, sondern seit siebenundvierzig Jahren Buddhist, und es wäre seltsam, wenn ich die Lehre des Buddha auch heute noch genauso betrachten würde wie damals. Es wäre seltsam, wenn in meinem Denken über den Buddhismus kein Wandel oder, besser, keine Entwicklung eingetreten wäre – seltsam, wenn Buddhismus heute nicht sogar mehr für mich bedeuten würde als damals, als ich den *Survey* schrieb. Das heißt nicht, dass ich nun irgendwelche Fehler in den Grundprinzipien sehen würde, in denen das Buch gründet, oder einen Anlass, mein Herangehen an den Buddhismus oder meine Methode ihn zu behandeln, zu ändern, wenngleich das Werk durchaus seine Begrenzungen hat – Begrenzungen, die ich in einigen meiner späteren Schriften und Vorlesungen auszugleichen bestrebt war.[59] Der Wandel in meinem Denken über den Buddhismus während der vergangenen dreißig Jahre trat durchweg als Ergebnis der weiteren Anwendung einiger der im *Survey* selbst herausgestellten Prinzipien ein. Wie ich in meinem Vorwort zur fünften Auflage erläuterte, ging es mir in meinem Blick auf den Buddhismus vor allem um Zweierlei. Ich wollte den Buddhismus in seiner gesamten *Breite* und in seiner äußersten *Tiefe* sehen, und damit meinte ich, dass es mir erstens darum ging, den Buddhismus als ganzen zu sehen, und dies zweitens sowohl in seinen tieferen inneren Wechsel-

---

59 *A. d. Hrsg.*: In seinem Vorwort zur Ausgabe des *Survey* in den *Complete Works* spricht Subhuti solche Begrenzungen an (s. S. XIV f.). So erweist sich etwa der Beleg des einen oder anderen Punktes der Lehre durch einen im *Survey* zitierten Text gelegentlich aufgrund einer späteren, zuverlässigeren Übersetzung als ungültig. Wie Subhuti indes klarstellt, mag die Belegstelle zwar unzutreffend sein, die Lehraussage indes hat Bestand.

beziehungen als auch in Beziehung zum spirituellen Leben der einzelnen Buddhisten. Den Buddhismus als Ganzes zu sehen, hieß, all seinen Hauptlehren und wichtigen historischen Formen gerecht zu werden sowie auch zu zeigen, dass diese dank ihrer gemeinsamen Grundprinzipien und ihrer Bedeutung für das spirituelle Leben des Individuums miteinander verbunden waren. Ihn in seiner Tiefe zu sehen, hieß zu verstehen suchen, warum der Buddha diese oder jene Doktrin gelehrt hatte oder welchen Bezug sie zu den Bedürfnissen von Individuen hatte, die mit den Problemen des Daseins rangen.[60]

Breite und Tiefe waren aber untrennbar. Mit den Jahren fand ich zunehmend, dass ich, je mehr ich den Buddhismus auf das spirituelle Leben individueller Buddhisten bezog, ihn um so mehr in seinen tieferen inneren Wechselverbindungen verstand, und je mehr ich ihn in seinen tieferen inneren Wechselverbindungen sah, desto mehr sah ich ihn nicht bloß als Sammlung vermischter Teile, sondern als organisches Ganzes. Das war nirgends deutlicher als im Fall der Zufluchtnahme, in der ich schließlich die zentrale und maßgebende Handlung des buddhistischen Lebens und darum das den Buddhismus selber einigende Prinzip erkannte. Im Abschnitt der Geschichte meiner Zufluchtnahme, die wir jetzt erreicht haben – dem vom *Survey of Buddhism* verkörperten Abschnitt – erkannte ich allerdings noch nicht die absolute Zentralität der Handlung des Zufluchtnehmens, oder eher: Obwohl ich sie im Grundsatz in gewissem Grad erkannte, hatte ich ihre Konsequenzen, die wahrlich weit reichten, noch nicht ausgearbeitet.

---

60 *A. d. Hrsg.*: Vgl. Sangharakshita, *A Survey of Buddhism*, in: *CW* 1, S. 6.

Geht man nach dem Index der sechsten Auflage des *Survey*, dann werden die „Drei Juwelen" im Haupttext (also abgesehen von der erst später hinzugefügten Einleitung)[61] dreimal als Triade und einmal als die „Drei Zufluchten" erwähnt, „Zufluchtnahme" hingegen sechsmal. Interessanterweise findet sich die ausführlichste Behandlung des Themas im vierten Teil, „Das Bodhisattva-Ideal", und zwar in dem Abschnitt, der sich mit den vorbereitenden Andachtsübungen angehender Bodhisattvas befasst. Man nennt diese vorbereitenden Andachtsübungen insgesamt die „höchste Andacht" (*anuttara-pūja*) oder – wie wir in den FWBO gewöhnlich sagen – „Siebenfältige Puja". Die dritte „Übung" darin (oder die zweite, sofern man mit Śāntideva die ersten beiden Übungen verbindet und somit insgesamt sechs statt sieben zählt) ist jene der Zufluchtnahme (*śaraṇa-gamana*).[62] Die Schlüsselpassage auf den beiden über Zufluchtnahme als eine der vorbereitenden Andachts-

61 *A. d. Hrsg.*: Die sechste Auflage erschien 1987 bei Tharpa Publications in London. Die vorangestellte „Einleitung" war ursprünglich ein eigenständiger Artikel mit dem Titel *Eine Vogelperspektive auf den indischen Buddhismus*. (In den *Complete Works* wurde diese Einleitung dem *Survey* nicht mehr vorangestellt, sondern in Band 7 aufgenommen.)

62 *A. d. Hrsg.*: Die sieben Übungen sind: (1) *vandanā* (Preisung), (2) *pūjanā* (Verehrung), (3) *deśanā* (Eingeständnis), (4) *modanā* (Lob der Verdienste), (5) *adhyeṣaṇā* (Bitte um Belehrung), (6) *yācanā* (Bitte, dass die Buddhas die Wesen nicht aufgeben mögen), (7) *pariṇamanā* (Widmung von Verdiensten). Die in der Buddhistischen Gemeinschaft Triratna verwendete Siebenfältige Puja beruht auf Strophen des zweiten und dritten Kapitels von Śāntidevas *Bodhicaryāvatāra*. Siehe auch die Einleitungen zu diesen Kapiteln in Śāntideva, *The Bodhicaryāvatāra*. A new translation by Kate Crosby and Andrew Skilton. Birmingham: Windhorse Publications 2002, S. 11-16.

übungen handelnden Seiten findet sich gleich zu Anfang und lautet folgendermaßen:

> Zufluchtnahme (*śaraṇa-gamana*) bedeutet natürlich, zum Buddha, zum Dharma und zum Sangha Zuflucht zu nehmen. Während auch Nicht-Buddhisten die drei Juwelen in gewissem Sinne achten und ehren können, ist Zuflucht zu ihnen das Vorrecht derer, die bekennen und praktizieren. Man kann die formelle Zuflucht, durch die man Mitglied der buddhistischen Gemeinschaft wird, nehmen, indem man einer vollordinierten Person schlicht die Zufluchtsformeln und die fünf Vorsätze nachspricht. Wirksame Zuflucht, die in der formellen Zuflucht ihren Ausdruck und zugleich ihr Symbol findet, nehmen einzig diejenigen, die die wahre Natur des dreifachen Juwels verstehen. Je tiefer dieses Verständnis geht, um so wirksamer wird die Zuflucht sein. Darum ist die Zufluchtnahme zu den drei Juwelen nichts, das man nur einmal und für alle Zeit tut, sondern etwas, das mit dem eigenen Verständnis des Buddhismus wächst. Jemandes Zuflucht ist vollkommen, wenn sein oder ihr Verständnis des Buddhismus vollkommen, sprich: wenn Erleuchtung erreicht ist. Dann aber gibt es paradoxerweise kein Zufluchtnehmen mehr. Die Erleuchteten sind ihre eigene Zuflucht.[63]

Anschließend bespreche ich das Mindestmaß an Verständnis, das für eine wirksame Zuflucht zu den Drei Juwelen nötig ist und weise in diesem Zusammenhang darauf hin, dass das

---

63 *A Survey of Buddhism*, S. 408, *CW* 1.

Mahāyāna aufgrund seines im Vergleich zum Hīnayāna tief-gründigeren Verstehens der Drei Juwelen der Handlung des Zufluchtnehmens natürlich eine größere Bedeutung beilegt. Gleichwohl bin ich darauf bedacht klarzustellen, dass,

> ungeachtet solcher Lehrunterschiede [...] alle bud-dhistischen Schulen, ob jene des großen oder des kleinen Fahrzeugs, hinsichtlich der entscheidenden Bedeutung des Akts der Zufluchtnahme im buddhisti-schen Leben überein[stimmen][64]

– eine Aussage, die meine heutige allgemeine Haltung in ge-wissem Grad vorwegnimmt. In der „Schlüsselpassage" selbst unterscheide ich in weitgehend gleicher Weise zwischen for-meller und wirksamer Zuflucht, wie ich später zwischen pro-visorischer (oder ethnischer) Zuflucht sowie wirksamer (oder effektiver) und realer (oder wirklicher) Zuflucht unterschied.[65] Noch wichtiger ist die nachdrückliche Betonung, dass Zuflucht zum Dreifachen Juwel keine einmalige Handlung ist, sondern etwas, das mit dem eigenen Verständnis des Buddhismus wächst – eine Einsicht, welche die Entwicklung meines Den-kens über den Buddhismus möglich machte und einen Groß-teil meines heutigen Denkens untermauert, wenn ich auch heute wohl hinzufügen würde, dass unser Verständnis des Buddhismus in dem Maß wächst, wie unsere Zuflucht wirksa-mer und realer wird.

---

64 Ebd. S. 410
65 Siehe Sangharakshita, *Zufluchtnahme*. Buddhistische Gemein-schaft Triratna 2016. Abrufbar unter: http://www.triratna-bud-dhismus.de/ressourcen/texte-zum-download/texte-nach-da-tum/#c751 (Geprüft am 15. März 2019).

Obwohl diese Schlüsselstelle mein späteres Verständnis der Zufluchtnahme vorwegzunehmen scheint, habe ich sie immer noch bloß als eine Übung in Hingabe des angehenden Bodhisattvas verstanden. Ich hatte die tiefere Bedeutung dieser Handlung – d.h. des Zufluchtnehmens – noch nicht gesehen. Und ebenso wenig erkannte ich zu diesem Zeitpunkt die Auswirkungen dieses Aktes, richtig verstanden, auf die gesamte Theorie und Praxis des Buddhismus. Zu diesem doppelten Verständnis bin ich erst später gelangt. Ich meine hier nicht die vergleichsweise unwichtige Tatsache, dass ich mit Bezug auf die formelle Zuflucht zum Dreifachen Juwel sage, man könne sie „nehmen, indem man einer vollordinierten Person schlicht die Zufluchtsformeln und die fünf Vorsätze nachspricht". Diese Behauptung wird ohnehin gegen Ende meiner Besprechung der Zufluchtnahme als einer der vorbereitenden Andachtsübungen angehender Bodhisattvas modifiziert, wenn es heißt: „Üblicherweise nimmt man die Zufluchten von einem *bhikṣu*, dem man die Zufluchtsformeln nachspricht. Ist kein *bhikṣu* anwesend, dann darf die buddhistische Versammlung auch von erfahrenen Laien in der Zufluchtnahme ‚geleitet' werden."[66] Doch auch dies geht nicht weit genug und wirft alle möglichen Fragen auf. Wenn ich betone, dass die Schlüsselpassage der im *Survey* ausführlichsten Behandlung der Zufluchtnahme nicht wirklich als Vorahnung meiner späteren Ansichten zu diesem Thema gelten kann, meine ich etwas weitaus Subtileres und Tiefgründigeres. Wenn auch mein Verständnis der Bedeutung der Zufluchtnahme im rein formalen oder abstrakten Sinn nicht falsch war und ich sogar grundsätzlich in gewissem

---

66 Siehe Sangharakshita, *A Survey of Buddhism,* a. a. O., S. 410, *CW* 1.

Grad die absolute Zentralität der Handlung des Zufluchtnehmens erkannt hatte, stellte ich diese Handlung, so wie ich sie
damals verstand, doch nicht wirklich direkt und mit all den
bedeutenden Folgen, die sich daraus ergeben hätten, in Herz
und Mittelpunkt des Buddhismus. Ich gestand ihr nicht jenen
absoluten Vorrang vor allen anderen Handlungen zu, den sie
ihrem eigenen Wesen nach verlangt.

Entsprechend fahre ich gleich am Anfang der schon zitierten „Schlüsselpassage", nach der Definition der Zufluchtnahme als Zufluchtnehmen zum Buddha, zum Dharma und zum
Sangha fort:

> Während auch Nicht-Buddhisten die drei Juwelen
> in gewissem Sinne achten und ehren können, ist Zu-
> flucht zu ihnen das Vorrecht derer, die bekennen und
> praktizieren.

Das heißt aber nun wahrlich, das Pferd beim Schwanz aufzu-
zäumen, denn, wie ich schon in Kapitel 4 im Zusammenhang
meines „Aufbruchs" anmerkte, man nimmt nicht Zuflucht, weil
man Buddhist ist, sondern man ist Buddhist, weil man Zuflucht nimmt. Genau so ist Zufluchtnahme nicht bloß eine der
vorbereitenden Andachtsübungen, die man unternimmt, um
das *bodhicitta* oder „Erleuchtungsstreben" zu entwickeln und
so zum Bodhisattva zu werden, sondern vielmehr: Weil man
Zuflucht nimmt, ist man ein Bodhisattva. Wie ich erst in einem späteren Stadium der Geschichte meiner Zufluchtnahme
erkannte, ist das Streben eines Bodhisattvas, höchste Erleuchtung zum Wohl aller empfindenden Wesen zu erlangen, genau
genommen die altruistische Dimension der Handlung des Zufluchtnehmens selbst, die ihrem eigenen Wesen nach gar nicht

so verstanden werden kann, als hätte sie nur Folgen für einen selbst.[67] Natürlich kann man die provisorische Zuflucht als ein Mittel ansehen, das reale *bodhicitta* hervorzubringen, doch genauso kann man das provisorische *bodhicitta* als ein Mittel zur realen Zufluchtnahme verstehen. Wir dürfen nicht den Fehler machen, das, was letztlich nur eine „revidierte" Version eines bestimmten Abschnitts der spirituellen Entwicklung ist, für eine höhere Stufe zu halten. Das Mahāyāna hielt schließlich aus denselben Gründen das (reale) *bodhicitta* als der (provisorischen) Zufluchtnahme überlegen, aus denen es das Bodhisattva-Ideal als dem Arhant-Ideal überlegen ansah, das heißt, weil die Vorstellung der Zufluchtnahme im Hīnayana ein Großteil ihrer ursprünglichen Bedeutung verloren hatte und deshalb eine frische Formulierung für das gefunden werden musste, was sie hätte vermitteln sollen. Im Kapitel „Der einigende Faktor" (*Survey*, Teil Vier) schreibe ich, das Bodhisattva-Ideal sei „nicht bloß der primäre einigende Faktor der Mahāyāna-Schulen, sondern der gesamten buddhistischen Tradition"[68]. Wenn aber ein Bodhisattva jemand ist, in der oder dem das *bodhicitta* entstanden ist, und wenn die Entstehung des *bodhicitta* die altruistische Dimension der Zufluchtnahme ist, dann ist in Wirklichkeit die Handlung des Zufluchtnehmens der primäre einigende Faktor im Buddhismus. Was ich im vierten Teil des *Survey* über das Bodhisattva-Ideal sage, sollte, soweit nötig, im Licht dieser Erkenntnis gelesen werden.

Auch jene Abschnitte in den ersten drei Teilen des *Survey*, die bestrebt sind, den Sangha oder die spirituelle Gemeinschaft mit dem Mönchsorden gleichzusetzen, müssen im Licht der

---

67 Siehe Sangharakshita, *Zufluchtnahme*, a. a. O., S. 15 ff.
68 Sangharakshita, *A Survey of Buddhism*, *CW* 1, S. 397.

hier im fünften Kapitel erläuterten Erkenntnis gelesen werden, dass der Mönch-Status nur in dem Grad bedeutsam und wertvoll ist, in dem er Ausdruck der Zuflucht der jeweiligen Person ist. Entsprechend weise ich schon im Kapitel „Was ist Mahāyāna-Buddhismus" im zweiten Teil des *Survey* nach einem Kommentar über die gesündere und in einem echteren Sinne orthodoxe Haltung der Mahāyāna-*bhikṣus* zu den formalen Aspekten des Mönchswesens nicht nur darauf hin, es werde, wenn man erst einmal zugestehe, dass Bodhisattvas sowohl der monastischen Gemeinschaft als auch der Laienschaft angehören können, „unmöglich, das spirituelle Leben ausschließlich mit einem klösterlichen Leben gleichzusetzen", sondern ich belege auch mit einem Zitat von Vers 142 des *Dhammapada*, dass der Buddha selbst die Entschiedenheit zum spirituellen Leben gewiss nicht mit der Annahme eines klösterlichen Lebensstils gleichsetzte.[69]

Einen letzten Punkt möchte ich in diesem Zusammenhang erwähnen, bevor ich das Kapitel abschließe. In mehreren Teilen des *Survey*, aber ganz besonders in Teil Zwei, Kapitel Vier, „Faktoren in der Entstehung des Mahāyāna", kritisiere ich den Hīnayāna allgemein und besonders den Theravāda-Sangha (d.h. den Mönchsorden des Theravāda) nachdrücklich für das, was ich sein „übermäßiges Haften an den bloß formalen Aspekten des Klosterlebens" nenne, das ich auch zu den fünf Faktoren zähle, die in negativer Hinsicht für das Aufkommen des Mahāyāna als geschichtlicher Erscheinung verantwortlich waren. Als ich meine scharfe Kritik einundzwanzig Jahre später erneut las, fand ich sie milder als ich erwartet hatte und, so schwerwiegend sie war, doch vollauf gerechtfertigt. Des-

---

69 Ebd., S. 244.

halb schrieb ich im Vorwort zur fünften Auflage des *Survey* von 1980:

> Im Licht weiterer Erfahrungen bin ich überzeugt, dass meine Kritik am modernen Theravāda nicht allein vollauf gerechtfertigt war – und weiterhin ist –, sondern auch unbedingt nötig, und ich nehme kein Wort zurück, das ich geschrieben habe. Ich möchte nur ergänzen, dass das Geschwür des Formalismus bei weitem nicht auf den heutigen Theravāda beschränkt ist, sondern auch in anderen Formen des Buddhismus wie nicht zuletzt im zeitgenössischen Zen zu finden ist.[70]

Nach weiteren zehn Jahren möchte ich nun hinzufügen, dass meine Kritikpunkte gegenüber dem Theravāda, mochten sie auch „barsch" sein (wie einer meiner Freunde sie nannte) und mochte diese „Barschheit" auch berechtigt sein, doch tatsächlich in dem Sinne nicht barsch genug waren, dass sie nicht hinreichend radikal waren. Obwohl ich mit abfälligen Worten „jene ausschließliche Identifizierung des religiösen Lebens mit den formalen Aspekten des Klosterlebens …, die ein so markantes Merkmal des Hīnayāna ist" benenne, mache ich das doch nur nebenher, und in meinen anschaulichen Beispielen von Formalismus und Heuchelei im modernen (klösterlichen) Theravāda-

---

70 Sangharakshita, *A Survey of Buddhism*, in *CW* 1, a. a. O., S. 11. – *A. d. Hrsg.*: Im Jahr 2001 veröffentlichte der Australier Shravasti Dhammika, der mehr als fünfundzwanzig Jahre lang Theravāda-Mönch gewesen war, eine vernichtende Anklageschrift gegen den Mönchsorden des Theravāda, wie er ihn erfahren hatte. Siehe *The Broken Buddha: Critical Reflections on Theravada and a Plea for a New Buddhism*, Nimmala Group, 2006. Abrufbar unter: http://www.buddhistische-gesellschaft-berlin.de/downloads/brokenbuddhanew.pdf (Geprüft am 18. März 2019).

Sangha stelle ich nicht hinreichend deutlich die Tatsache heraus, dass der wirkliche Fehler darin in der Verwechslung der Zufluchtnahme mit der Ordination als Mönch liegt, also in der Verwechslung einer entschiedenen Verpflichtung mit einem Lebensstil. Mönchsangehörige des Theravāda-Sangha sind nicht so sehr schlechte Mönche als vielmehr schlechte Buddhisten. Ja, es ist möglich, im formalistischen Sinn ein guter Mönch, zugleich aber ein schlechter Buddhist zu sein. Man könnte sogar so weit gehen und sagen, es sei möglich, ein schlechter Mönch und ein guter Buddhist zu sein.

Wenn man dies bedenkt und gleichzeitig, dass die Entstehung des *bodhicitta* oder „Erleuchtungsstrebens" für die altruistische Dimension der Zufluchtnahme steht, dann hat man schon ein gutes Stück Wegs zurückgelegt, um die Handlung des Zufluchtnehmens in das Herz und Zentrum des Buddhismus zu bringen, und damit auch ein gutes Stück Wegs, um zu erkennen, in welchem Ausmaß mein späteres Denken über den Buddhismus in meinem früheren implizit ist.

10. Dhardo Rimpoche und Der Pfad des Buddha

Mitten während meiner Arbeit am *Survey* bat mich ein tibetischer Freund, ihm mit dem Englischen für einen Artikel über „Buddhismus in Tibet" zu helfen, den für eine amerikanische Veröffentlichung zu schreiben er zugesagt hatte. Der Freund war Lobsang Phuntsok Lhalungpa, ein tibetischer Regierungsbeamter, der in Lhasa aufgewachsen war und nun in Kalimpong lebte, und die Veröffentlichung war *The Path of the Buddha* („Der Pfad des Buddha"), ein Buch, das den gegenwärtigen Buddhismus „aus buddhistischer Sicht" darzustellen trachtete. Lobsang mit dem Englischen seines Artikels zu helfen, beinhaltete letztlich eine vollständige Umformulierung von etwa dreihundert auf Kanzleipapier geschriebenen Manuskriptseiten, denn mein Freund beherrschte die Sprache Shakespeares bestenfalls elementar.[71] So mühsam die Arbeit war und so ungelegen ihr Zeitpunkt, tat ich sie doch bereitwillig, und dies um so mehr, als ich entdeckte, dass Lobsang Phuntsok sich beim Verfassen seines Artikels weniger auf seine eigene Kenntnis des tibetischen Buddhismus stütze als auf das Wissen eines herausragenden inkarnierten Lamas, der später einer meiner besonders verehrten Lehrer wurde. Dies war Dhardo Rimpoche, der „Höchst Kostbare" aus Dhartsendo.

Einige Monate lang fuhr ich somit nicht nur mit der Niederschrift des *Survey* fort, sondern kämpfte auch mit Lobsang

---

71 *A. d. Hrsg.:* „die Sprache Shakespeares" (the tongue / That Shakespeare spake). Sangharakshita zitiert hier aus William Wordsworths (1770-1850) Gedicht *England*, in dem es heißt: „We must be free or die, who speak the tongue / That Shakespeare spake."

Phuntsoks Grammatik und Syntax, von seiner Rechtschreibung und Handschrift ganz zu schweigen. Gelegentlich war das, was er geschrieben hatte, so wirr, dass es unverständlich war. In solchen Fällen musste ich ihn aufsuchen und um mündliche Erklärung dessen bitten, was er sagen wollte, und diese Erklärungen führten oft dazu, dass wir uns in längere Gespräche über die Lehre verwickelten. Nicht immer gelang es uns in unseren Diskussionen, seine Darlegung etwa von śūnyatā oder der *trikāya*-Lehre weniger verworren zu machen, und das führte wiederum dazu, dass er sich zu weiterer Klärung an Dhardo Rimpoche, die ursprüngliche Quelle seines Materials, wenden musste. Danach konnte er sich gewiss sein, dass die Erklärungen, die er mir nun gab, korrekt waren, und ich konnte mir gewiss sein, dass ich den tibetischen Buddhismus durch die Umformulierung seiner Seiten im Einklang mit ihnen nicht falsch darstellte. Das alles brauchte natürlich Zeit, doch schließlich war die Arbeit getan und der Artikel in die Vereinigten Staaten geschickt, wo er, lektoriert und drastisch gekürzt, im Jahr 1956 als Kapitel 6 von *The Path of the Buddha* erschien.

Wie es so oft geschieht, erwies eine geleistete Wohltat sich als eine erhaltene. Infolge der Neuformulierung von Lobsang Phuntsok Lhalungpas Artikel und vor allem infolge der langen Lehrdiskussionen, zu denen unsere Arbeit oft führte, erhielt ich im Laufe der drei oder vier Monate von ihm, sowie durch ihn von Dhardo Rimpoche, umfassende Grundkenntnisse in Geschichte, Schulen, Doktrinen und Praktiken des tibetischen Buddhismus – Grundkenntnisse, die oft weit über die Themen hinaus gingen, die im Artikel selbst behandelt wurden. Zu einer Zeit, als man zuverlässige Bücher über tibetischen Buddhismus noch an den Fingern einer Hand abzählen konnte, war die Erfahrung für mich von höchstem Wert, und als ich meinen Stift nach Umformulierung des letzten Satzes von Lobsangs Manuskript niederlegte, empfand ich es, als hätte ich einen Intensivkurs über das Thema erhalten. Gleichwohl war ich aufgrund meiner Hauptbeschäftigung mit der Niederschrift des *Survey* nicht in der Lage, das Gelernte in dem Grad in mich aufzunehmen, wie ich es andernfalls getan hätte, obwohl Spuren meines neu gewonnenen Wissens über tibetischen Buddhismus hier und da in meinem *magnum opus* erkennbar sind. Zu den Themen, mit Bezug auf die ich das Gelernte nicht ganz aufzunehmen vermochte, gehörte das Thema der Zufluchtnahme, das in einem kurzen Teil des Artikels unter der Überschrift „Die Drei Kleinode" (das heißt: die Drei Juwelen) behandelt wurde. Lobsang Phuntsok/Dhardo Rimpoche zufolge nahmen tibetische Buddhisten aus ganzem Herzen Zuflucht zum Buddha, im Dharma und im Sangha, und diese Zuflucht im Dreifachen Juwel war „der grundlegendste Glaube und die am weitesten akzeptierte Übung im Buddhismus", die allen anderen religiösen Handlungen wie Lesen der Schriften, Ablegen feierlicher Gelübde, Empfangen der Ordination, Durchführung von Zeremonien und Üben von Meditation vorausging.[72] Überdies legten tibetische Buddhisten großes Gewicht auf die rechte Absicht, die dem Nehmen der Drei Zufluchten vorausging.

---

72 *A. d. Hrsg.*: L. P. Lhalungpa, *Buddhism in Tibet*, in: Kenneth W. Morgan (Hrsg.), *The Path of the Buddha: Buddhism Interpreted by Buddhists*. New York: Ronald Press 1956. – Jagdish Kashyap trug ein Kapitel *Origin and Expansion of Buddhism* bei und U Thittila ein Kapitel über *The Fundamental Principles of Theravada Buddhism*.

Die Absicht muss von aufrichtiger und gütiger Art und von einem festen Entschluss getragen sein, und das Gelübde selbst [d. h. die Zufluchtnahme] ist stets im Sinn zu halten, wann immer man eine religiöse Übung ausführt.[73]

Am allerwichtigsten aber:

Das Nehmen der Drei Zufluchten schließt in seinem Umfang die Annahme aller Prinzipien des Buddhismus ein; wer das Dreifache Juwel nicht annimmt, ist kein Buddhist.[74]

Die ganze Tragweite dieser Aussagen, zumal der letzten, dämmerte mir erst später, als ich durch das Studium von Büchern und persönlichen Kontakt mit Dhardo Rimpoche und anderen inkarnierten Lamas näher mit der tibetischen buddhistischen Überlieferung bekannt wurde. Ehe ich aber zu diesem Abschnitt in der Geschichte meiner Zufluchtnahme fortschreite, der in gewissem Sinn eine Weiterführung des in diesem Kapitel besprochenen Abschnitts bildet, muss ich etwas über meinen Kontakt mit Buddhisten einer ganz anderen Art sagen – einen Kontakt, der in seiner eigenen Weise ebenfalls zu dem Prozess beitrug, durch den mir Bedeutung und Tragweite der Zufluchtnahme klar wurden.

---

73 Ebd., S. 275 f.
74 Ebd., S. 276.

11. AMBEDKAR UND DIE EHEMALS UNBERÜHRBAREN

Bhimrao Ramji Ambedkar war ein Unberührbarer aus dem Bundesstaat Bombay, der nach Überwindung gewaltiger Hindernisse zum Ökonom, Anwalt, Pädagogen, Politiker und schließlich zum ersten Justizminister des freien Indiens und zum Hauptarchitekt seiner Verfassung wurde. Sein ganzes Leben lang kämpfte er für die Verbesserung des Schicksals der zig Millionen Unberührbaren Indiens und für die Beseitigung der uralten, ihnen vom hinduistischen Kasten-System auferlegten sozialen, religiösen, wirtschaftlichen, politischen und bildungsmäßigen Benachteiligungen – Benachteiligungen, die sie mehr oder weniger in Sklaverei hielten. Seinen Bemühungen war aber kaum Erfolg beschieden und nach dreißig Jahren des Kampfes zog Ambedkar den Schluss, dass die Kasten-Hindus ihr Verhalten nicht verbessern würden und es für die Unberührbaren im Hinduismus kein Heil gab, sondern sie ihre Religion wechseln müssten. Am 14. Oktober 1956, sechs Jahre nach Aufgabe seines Amtes, machte er sich nicht nur selbst den Buddhismus zueigen, indem er öffentlich von U Chandramani Maha Thera, von dem ich meine *śrāmaṇera*-Ordination erhalten hatte, die Drei Zufluchten und Fünf Vorsätze nahm, sondern er setzte auch die historische Bewegung der Massenübertritte zum Buddhismus in Gang, indem er den aus diesem Anlass versammelten 380000 „unberührbaren" Männern, Frauen und Kindern dieselben Zufluchten und Vorsätze sowie weitere einundzwanzig, von ihm selbst ersonnene Gelübde gab. Sechs Wochen später starb er.

Wie in *Ambedkar and Buddhism* beschrieben, kannte ich Ambedkar seit 1952, als wir einander nach einer Zeit des Briefwechsels begegnet waren.[75] In der kritischen Zeit unmittelbar nach seinem Tod tat ich alles in meinem Vermögen, um die Fortdauer der Bewegung von Massenübertritten zum Buddhismus sicherzustellen. Das schloss mehrere längere Vortragsreisen ein, in deren Verlauf ich große und kleine Städte und Dörfer in ganz Zentral- und Westindien aufsuchte und mit vielen zig Tausenden ehemals unberührbarer Buddhisten zusammenkam, von denen ich manche in den Buddhismus aufnahm. Ob sie nun von mir, einem anderen Mönch oder einem ihrer eigenen Führer in den Buddhismus aufgenommen wurden – sie alle wurden zu Buddhisten, indem sie schlicht die Drei Zufluchten und Fünf Vorsätze nahmen. Natürlich war es das übliche Vorgehen unter buddhistischen Laien, zumal in Südostasien, die Zufluchten und Vorsätze im Anschluss an einen Mönch oder einen anderen leitenden Buddhisten zu rezitieren. Ich hatte der Zeremonie in Zentren der Maha Bodhi Society und andernorts bei vielen Gelegenheiten beigewohnt und sie auch selbst oft geleitet. Doch nie zuvor hatte ich gesehen, dass die Drei Zufluchten und Fünf Vorsätze mit einer solchen Aufrichtigkeit, Begeisterung und solcher Inbrunst angenom-

---

75 Sangharakshita, *Ambedkar and Buddhism.* Glasgow: Windhorse Publications 1986 (*CW* 9). – *A. d. Hrsg.*: Das Buch gibt einen knappen, oftmals fesselnden Bericht von Leben und Laufbahn Dr. Ambedkars und zeigt die wichtigsten Wendepunkte bis zu seinem Übertritt zum Buddhismus auf. Im zweiten Kapitel schildert Sangharakshita seine drei Begegnungen mit Ambedkar. Das erste Treffen wird auch in den Memoiren erzählt, und zwar sowohl in *Facing Mount Kanchenjunga*, *CW* 21, S. 415 f., als auch in *In the Sign of the Golden Wheel*, wo auch das zweite und dritte Treffen beschrieben sind (s. *CW* 22, S. 65, 287 f., 352 f.).

men wurden wie von den weitgehend ungebildeten und bettelarmen ehemals Unberührbaren, von denen viele aus diesem Anlass hundert Meilen oder mehr zu Fuß zurückgelegt hatten. Für die „gebürtigen" Buddhisten Ceylons und Burmas bedeutete *„pansil*-Nehmen" kaum mehr als eine andächtige Formalität, etwas, das gute Buddhisten weniger als Ausdruck ihrer Entschiedenheit für die Drei Juwelen denn als Bekräftigung ihrer kulturellen und ethnischen Identität taten. Für die Ex-Unberührbaren war das ganz anders. Für sie bedeutete, die Zufluchten und Vorsätze zu nehmen beziehungsweise Buddhisten zu werden, ein Konvertieren im wahren Sinn des Wortes. Es bedeutete nicht allein ihre Abkehr vom Hinduismus, nicht nur Befreiung aus dem, was Ambedkar die „Hölle der Kasten"[76] genannt hatte, sondern auch spirituelle Wiedergeburt in dem Sinne, dass sie frei wurden, sich in jeder Hinsicht ihres Lebens, ob gesellschaftlich, wirtschaftlich, kulturell oder religiös, weiter zu entwickeln. Und wirklich, wie ich an ihren strahlenden Augen und verzückten Gesichtern sehen konnte, war die Wiederholung der Worte der uralten Pāli-Formel für die ehemals Unberührbaren weit mehr als *„pansil*-Nehmen". Sie gaben vielmehr ihrer Herzensüberzeugung Ausdruck, dass Buddhismus ihre einzige Hoffnung, ihre einzige Erlösung war. Sie *nahmen Zuflucht zu den Drei Juwelen.*

Während meiner Vortragsreisen sah ich die Anhänger Ambedkars bei vielen Gelegenheiten und oft in sehr großer Zahl

---

76 *A. d. Hrsg.:* Während der zweiten Feier von Massenübertritten, die am 15. Oktober 1956 in Nagpur stattfand, erklärte Dr. Ambedkar, er habe das Gefühl, er sei durch seinen Übertritt aus der Hölle, der Hölle des Kastenwesens, befreit worden und er wolle diese Erfahrung mit allen seinen Anhängern teilen. Siehe *Ambedkar and Buddhism, CW* 9, S. 134.

die Drei Zufluchten und Fünf Vorsätze nehmen, wobei mich der Anblick ihrer Aufrichtigkeit, ihrer Begeisterung und Inbrunst stets tief bewegte. Überdies empfand ich, dass sie aus ganz ähnlichen Gefühlen die Zufluchten und Vorsätze nahmen und Buddhisten wurden wie jenen, die in meinem Fall Ausdruck im Gedicht „Taking Refuge in the Buddha" gefunden hatten. Es gab aber auch einen großen Unterschied. Während ich mein Gedicht nach einer einzelnen Erfahrung von Enttäuschung und Frustration geschrieben hatte, nahmen sie alle als Ergebnis lebenslanger systematischer Schikane und Demütigung Zuflucht. Zwar war der Unterschied groß, doch er war sozusagen nur quantitativ statt qualitativ, und ich fühlte mich dennoch meinen ehemals unberührbaren Brüdern und Schwestern sehr nahe. Es machte nichts aus, dass ich Engländer und sie Inder waren oder dass ich Mönch und sie Laien waren. Für sie wie für mich konnte es Zuflucht nur zu Füßen des Buddha geben, wenn auch ihre Auffassung von dieser Zuflucht weniger metaphysisch war als meine.

So konnte ich infolge meines Kontakts mit den ehemals unberührbaren Buddhisten deutlicher sehen, dass Klosterleben und spirituelles Leben nicht dasselbe und dass die entschiedene Zufluchtnahme der primäre einigende Faktor im Buddhismus war. Ich begann deutlicher zu sehen, dass Zufluchtnahme die zentrale und maßgebende Handlung des buddhistischen Lebens ist.

12. WEITERES LICHT AUS DEM TIBETISCHEN BUDDHISMUS

Die englische Übersetzung von Gampopas *Juwelenschmuck der geistigen Befreiung* erschien 1959, als sich meine persönliche Verbindung mit Dhardo Rimpoche vertieft und ich von Jamyang Khyentse Rimpoche tantrische Initiation erhalten hatte. Herbert Guenther, der gelehrte Übersetzer des Werks, erläuterte in seinem Vorwort:

> Das Werk gehört zu einer Gruppe von Texten, die als „Stufen des Pfades" (*lam.rim*) bekannt sind. Dies sind Handbücher, die Übende von den grundlegenden Lehrsätzen des Buddhismus zur tiefgründigsten Verwirklichung von Buddhaschaft führen. Anscheinend war Gampopas Werk der erste tibetische Text dieser Art und es wird bis zum heutigen Tag gerühmt. Es behandelt das Ganze des Buddhismus in einer so klaren Weise, dass man es studieren und verstehen kann, ohne ständig in langatmigen und oftmals eher schleierhaften Kommentaren und Subkommentaren nachschlagen zu müssen. Insofern ist es ein echter „Juwelenschmuck", ein Titel, der auf eine bestimmte Art von Schriften anspielt, die im buddhistischen Sanskrit als „Ausschmückungen" (*alaṃkāra*) bekannt sind, weil sie die erlesensten und wichtigsten Themen in äußerst geschliffener und ziemlich knapper Form darbieten. Ein anderes hervorstechendes Merkmal von Gampopas Werk ist, dass es sich an alle Menschen richtet, die spirituell motiviert sind oder werden können. Es spricht Laien ebenso an wie Mönche, sowie auch den

Philosophen, der ohne Unterlass das ewige Streben der Menschen nach dem Sinn des Lebens betreibt.[77]

Unter den einundzwanzig Kapiteln des so beschriebenen Werks trägt eins die Überschrift „Zuflucht". Obwohl die Art, wie Gampopa diesen überaus wichtigen Schritt behandelt, zweifellos klar ist, taucht doch die Tatsache, dass er ihn in „neun Punkten des Zufluchtnehmens" erläutert, die zumeist noch unterteilt und sogar mehrfach unterteilt sind, seine ganze Behandlung des Zufluchtnehmens in eine Atmosphäre von Pedanterie und scholastischer Gelehrsamkeit, die kaum zum Geist des Themas passt. Das störte mich zwar nicht, doch es störte andere (manche „Laien", die den *Juwelenschmuck* studierten, fanden ihn aufgrund seiner scholastischen Tendenz weniger ansprechend, als Guenther angenommen hatte), und als ich Gampopas Kapitel über „Zuflucht" zum ersten Mal las, war es, als werde Licht auf das Thema geworfen. Nicht nur legt er dar, dass der Buddha (wie schon im siebten Kapitel in Verbindung mit meinem Gedicht erwähnt) die einzige Zuflucht ist, sondern er erklärt auch, warum mächtige Gottheiten wie Brahmā, Vishnu und Mahādeva uns nicht mit einer Zuflucht zu versehen mögen; er stellt es als Folgerung aus der Zuflucht im edlen Dharma heraus, andere Wesen nicht zu verletzen, unterscheidet zwischen den verschiedenen Ebenen der Zuflucht

---

77 Gampopa, *Jewel Ornament of Liberation.* Übersetzung von
    Herbert V. Guenther, London: Shambala Publications 1986,
    S. ix. – A. d. Ü.: Für die von ihm selbst besorgte Übersetzung
    ins Deutsche verfasste Herbert Guenther, ungefähr vierzig
    Jahre nach der englischen Erstausgabe, ein neues Vorwort. S.
    Gampopa, *Juwelenschmuck der geistigen Befreiung. Das Buch des ti-*
    betischen Buddhismus. München: Eugen Diederichs Verlag 1989,
    S. 7f.

sogar noch radikaler, als ich es im *Survey* getan hatte, zählt die acht Vorteile des Zufluchtnehmens auf und stellt klar, dass der Unterschied zwischen dem *prātimokṣa* und der Bodhisattva-Übung vor allem einer der Haltung ist. Was indes wirklich Licht auf das Thema des Zufluchtnehmens warf, war die Tatsache, dass Gampopa ihm ein ganzes Kapitel gewidmet hatte. Das Medium war die Botschaft und diese war, dass „Zufluchtnehmen" nicht bloß eine Formalität oder etwas war, das man tat um zu zeigen, dass man Buddhist war, sondern in Wirklichkeit einer der Abschnitte des spirituellen Pfades. Wie Guenther in seinem Vorwort erklärt hatte, ist der *Juwelenschmuck* selbst ein Führer auf dem Pfad.

Obwohl durch Gampopas Behandlung des Themas wie auch die Tatsache, dass er ihm ein ganzes Kapitel seines Buchs gewidmet hatte, Licht auf das Zufluchtnehmen schien, genügte dieses Licht doch keineswegs, um das Thema vollständig zu beleuchten. Für Gampopa stand das Hīnayāna für eine niedere und das Mahāyāna für eine höhere Stufe des Pfades, und insofern Zufluchtnehmen das Hīnayāna, die Entstehung des *bodhicitta* oder des Erleuchtungsstrebens hingegen das Mahāyāna versinnbildlichte, galt letztlich die Entstehung des *bodhicitta* und nicht das Zufluchtnehmen als zentrale und maßgebende Handlung des (mahāyānistischen) buddhistischen Lebens. Im Verbund mit der Befolgung des *prātimokṣa* war Zufluchtnehmen ein Mittel zur Entstehung des *bodhicitta*, so wie das *bodhicitta* selber ein Mittel war, den Weg des Vajrayāna zu betreten, indem man *abhiṣeka* oder „tantrische Initiation" empfing. In Gampopas eigenen Worten sind jene, die Zuflucht zu den Drei

Juwelen nehmen, die „Arbeitsgrundlage" für die Entstehung oder, in Guenthers Worten, die Entwicklung des *bodhicitta*.[78]

Der Grund, warum Gampopa das *bodhicitta* nicht als die altruistische Dimension der Zufluchtnahme zu sehen vermochte, war natürlich sein Mangel an einer ausreichend weiten historischen Sicht. Nach seiner Meinung waren sowohl das Hīnayāna also auch das Mahāyāna vom Buddha gelehrt worden. Er konnte sie nicht als Ausprägungen von nacheinander folgenden Entwicklungen der ursprünglichen Buddhalehre erkennen, und darum konnte er auch nicht verstehen, dass (1) das Mahāyāna historisch genommen weitgehend eine nochmalige Formulierung der ursprünglichen Lehre in Begriffen war, die stärker im Einklang mit dem Geist statt den Buchstaben dieser Lehre standen als jene des Hīnayāna, und dass (2) der Platz der Zufluchtnahme in der Mahāyāna-Neuformulierung der ursprünglichen Lehre von der Entstehung des *bodhicitta* eingenommen wurde. Somit konnte er gar nicht anders, als die Zufluchtnahme als Mittel zur Entstehung des *bodhicitta* zu behandeln, was bedeutete, dass Zufluchtnahme nun wenigstens als eine bestimmte Stufe auf dem Pfad anerkannt wurde, wie es tatsächlich schon seit Atīśas[79] Zeiten zutraf und sich

---

78   *A. d. Ü.*: Guenthers deutsche Übersetzung gibt hier: „Auf diese Weise wird ein Mensch, der [...] seine Zuflucht zu den drei Juwelen genommen hat [...], zum Ausgangspunkt für eine auf das geistige Wachsein gerichtete Einstellung." (Gampopa, *Juwelenschmuck ...,* a. a. O., S. 121.)

79   *A. d. Hrsg.*: **Atīśa** (982-1054) zählt zu den großen indischen Lehrern, die den Buddhismus nach Tibet brachten. „Nimm zuerst dreimal die Drei Zufluchten", mahnt er die Übenden in den Strophen seines *Bodhipathapradīpa*, des Textes, der die Grundlage der Lamrim-Überlieferung bildet. Siehe R. Sherburne (Übersetzer), *A Lamp for the Path and Commentary.* London: George Allen and Unwin 1983, S. 5.

bis zum heutigen Tag fortgesetzt hat – nicht nur in Gampopas Kagyu-Schule, sondern in der gesamten tibetischen buddhistischen Überlieferung. Das war aber nicht alles. Während
die Zufluchtnahme theoretisch gesehen ein Mittel zur Entstehung des *bodhicitta* blieb, wurde sie im Laufe der Jahrhunderte unter den Händen gewisser Lehrer zu sehr viel mehr. Tatsächlich wurde sie in eine praktisch eigenständige spirituelle
Übung verwandelt, in die die ganze Person des Übenden in
einer besonders bewegenden und bedeutsamen Weise einbe-
zogen war, und es war die Entdeckung dieser Übung, die mir
etwa drei Jahre nach Erscheinen der englischen Übersetzung
von Gampopas *Juwelenschmuck der geistigen Befreiung* eine weitere Ausleuchtung des Themas der Zufluchtnahme ermöglichte.

Ich machte die fragliche Entdeckung in Kalimpong, und
zwar kurz nachdem Kachu Rimpoche, ein Hauptschüler von
Jamyang Khyentse Rimpoche,[80] mir die *abhiṣeka* von Padmasambhava, dem Höchst Kostbaren Guru, gewährt hatte. Am
24. Oktober 1962 hatte ich die *abhiṣeka* empfangen. Als ich
am folgenden Morgen in den Ort und über den Basar ging,
sah ich einen tibetischen Mönch am Straßenrand hocken. Auf
seinem Schoß hielt er ein kleines Bündel ziemlich schmudde-
liger Texte im Holzdruck, die er zum Verkauf anbot. Da der
Mönch offensichtlich Geld benötigte und die Texte sehr billig
waren (so billig, dass sogar ich sie mir leisten konnte), kaufte
ich sie unverzüglich und kehrte mit ihnen in den Vihara zurück, wo ich sie Kachu Rimpoche zeigte. Seine Antwort war
Überraschung und Entzücken. Es waren Nyingma-Texte, rief

---

80 *A. d. Hrsg.*: Sangharakshita schildert seine Begegnung mit
    Jamyang Khyentse Rimpoche und die Ereignisse in ihrer Folge
    in *Precious Teachers*, Birmingham: Windhorse Publications 2007,
    S. 12-15 (*CW* 22).

er fröhlich, als er sie durchblätterte. Die meisten von ihnen hatten mit dem Höchst Kostbaren Guru zu tun, und die Tatsache, dass ich so kurz, nachdem ich die *abhiṣeka* empfangen hatte, und in so gänzlich unerwarteter Weise auf sie gestoßen war, schien äußerst verheißungsvoll. Es zeigte, dass ich eine besondere Verbindung mit dem Höchst Kostbaren Guru[81] und mit der Nyingma-Überlieferung hatte und dass meine Mühen, die Tragweite der Lehren zu verwirklichen, zu deren Übung die *abhiṣeka* mich ermächtigt hatte, sich als erfolgreich erweisen würden. Es steht mir nicht an zu sagen, ob Kachu Rimpoches „Deutung der Zeichen" zutrifft. Worum es indes an dieser Stelle geht, ist die Tatsache, dass sich unter den Texten, die ich gekauft und die Kachu Rimpoche mit solcher Begeisterung begrüßt hatte, einer mit dem Titel *Tharpe Delam* oder „Der Leichte Pfad zur Befreiung" befand. Dieses kleine Werk handelt von den allgemeinen und besonderen Vorbereitungen zur Übung des *ati-yoga*, der höchsten Lehre der Nyingmapas, und die hauptsächlichen allgemeinen Vorbereitungen bestanden in den vier *mūla-* oder „Wurzel"-Yogas, in deren erstem mir Kachu Rimpoche schon ein wenig Anleitung gegeben hatte. Der erste *mūla-yoga* ist natürlich die Zuflucht- und Niederwerfungs-Praktik, die übrigen drei die Praktiken zur Entstehung des *bodhicitta*, die Meditation und Mantra-Rezitation von Vajrasattva sowie das Mandala-Opfer, gefolgt vom Guru-Yoga. Nach weiteren Unterweisungen durch Kachu Rimpoche nahm

---

81 *A. d. Hrsg.*: Sangharakshita war Padmasambhava erstmalig 1950 in einem Nyingma-Tempel in Darjeeling begegnet. In seinen Memoiren schrieb er: „Als ich die Gestalt von Padmasambhava sah, war ich mir einer spirituellen Präsenz bewusst geworden, die in Wirklichkeit schon immer bei mir gewesen war." Siehe *Facing Mount Kanchenjunga*, a. a. O., S. 93.

ich nun die Zufluchts- und Niederwerfungs-Praktik sowie die anderen *mūla-yogas* auf und führte sie bis zu meiner Abreise nach England zwei Jahre später regelmäßig aus. Mit der Hilfe von Dhardo Rimpoche fertigte ich überdies eine Rohübersetzung des gesamten *Tharpe Delam* an. Obwohl ich die Zufluchts- und Niederwerfungs-Praktik nur zwei Jahre lang üben konnte, was nach tibetischen Standards nicht besonders lang ist, verspürte ich während dieser Phase ein intensiveres und stetigeres Erleben des Zufluchtnehmens als je zuvor. Ich fand auch zu einem klareren Verständnis der Tatsache, dass „das Nehmen der Drei Zufluchten [...] in seinem Umfang die Annahme aller Prinzipien des Buddhismus ein[schließt]", und damit fand ich auch zu einem klareren Verständnis von Bedeutung und Wert der Handlung des Zufluchtnehmens selber.

Denjenigen Ordensangehörigen, die die Zufluchts- und Niederwerfungs-Praktik geübt haben, wird man kaum erzählen müssen, weshalb das so ist.[82] Am Anfang der Praktik visualisiert man den Höchst Kostbaren Guru Padmasambhava,

---

82 *A. d. Hrsg.*: Zum Zeitpunkt der Lesung dieses Textes (1988) übten Ordensangehörige die Zufluchts- und Niederwerfungs-Praktik noch in jener Form, die auch Sangharakshita in Indien, gestützt auf das *Tharpe Delam*, geübt hatte. Dabei visualisiert man den Zufluchtsbaum der Nyingma-Schule des tibetischen Buddhismus mit Padmasambhava als zentraler Gestalt. Im Zuge der sich entfaltenden Triratna-Kultur wurde jedoch eine Zufluchts- und Niederwerfungs-Praktik geschaffen, welche stärker die Mythen und Archetypen spiegelt, die in der besonderen Triratna-Tradition wichtig und bedeutsam sind. Der Buddha Śākyamuni wurde zur Hauptgestalt, während Padmasambhava einen zentralen Platz unter den „Lehrern der Vergangenheit" einnimmt. Eine Beschreibung des Triratna Zufluchtsbaums gibt Kulananda, *Teachers of Enlightenment*, Birmingham: Windhorse Publications 2000.

den Stifter und Schirmherr der Nyingma-Überlieferung, auf dem Kelch eines Lotos sitzend, der selbst auf einer vielfarbigen Wolke ruht, die inmitten eines leuchtend blauen Himmels schwebt – und man sieht Padmasambhava als Verkörperung aller Buddhas. Unterhalb von Padmasambhava, auf den Kronblättern des Lotos, sitzen die eigenen Gurus und noch weiter darunter die *dharmapālas* und *ḍākinīs*. Der zentrale Lotos, auf dessen Kelch Padmasambhava sitzt, ist an seinen vier Seiten von vier weiteren Lotossen umgeben. Auf dem vorderen stehen Śākyamuni und die anderen menschlichen Buddhas, auf dem Lotos zur Rechten (aus Sicht Padamasambhavas) die hauptsächlichen *bodhisattvas*, auf dem Lotos zur Linken die führenden *arhants*, während sich auf dem hinteren Lotos die Bände der heiligen Schriften auftürmen. Vor dem Zufluchtsbaum, wie er genannt wird (denn die fünf Lotosse wachsen alle aus einem Stamm), steht man selbst gemeinsam mit allen empfindenden Wesen. Indem man Padmasambhava und die anderen Objekte der Zuflucht auf solche Weise visualisiert, wiederholt man nicht die übliche Zufluchtsformel, sondern eine etwas erweiterte „tantrische" Fassung und sagt laut: „*Oṃ āḥ hūṃ*, den besten Zufluchten weih' ich mein Leben. Zum Buddha-Lama, zum Dharma-Lama, zum Sangha-Lama, zum Lama Sri Maha Heruka, zum Lama Alles Vollbringender König, zu dem Dreieinigen Juwel, Guru Rimpoche, nehme ich Zuflucht."[83] Bei jeder Wiederholung wirft man sich einmal vor dem Zufluchtsbaum (den man während der gesamten Übungsdauer weiterhin visualisiert) oder vor seinem ikonischen Ge-

---

83 *A. d. Hrsg.*: Die mit der Visualisierung des Triratna-Zufluchtsbaums rezitierte Formel lautet schlicht: „Zum Buddha nehme ich Zuflucht, zum Dharma nehme ich Zuflucht, zum Sangha nehme ich Zuflucht."

genstück nieder. Wenn man die Zufluchts- und Niederwerfungs-Praktik auf diese Weise übt, nimmt man mit Körper,
Rede und Geist, also mit seinem ganzen Sein, Zuflucht. Man
nimmt geistig Zuflucht, indem man Padmasambhava und die
anderen Zufluchtsobjekte auf ihren jeweiligen Lotossen visualisiert, man nimmt sprachlich Zuflucht, indem man die Worte
der „tantrischen" Zufluchtsformel wiederholt, und man nimmt
körperlich Zuflucht, indem man sich in voller Länge nieder-
wirft. Am Ende der Übung strahlt weißes Licht von den Zufluchtsobjekten aus und fällt auf einen selbst, auf den eigenen
Vater und alle Männer, auf die eigene Mutter und alle Frau-
en, und beseitigt all ihre Mängel, die in Licht aufgelöst werden.
Dieses Licht kehrt zu den Zufluchtsobjekten zurück, woraufhin die *gurus*, *devas*, *dharmapālas* und so weiter in den Körper
von Padmasambhava aufgelöst werden und Padmasambhava
selbst in Leerheit.

Wer die Zufluchts- und Niederwerfungs-Praktik geübt hat,
wird wissen, dass man im Laufe jeder Übung nicht nur stetig
den Zufluchtsbaum visualisiert, sondern auch die Worte der
(„tantrischen") Zufluchtsformel wiederholt und sich so oft nie-
derwirft, wie man vermag, und dass man die Übung so lange
aufrecht erhält, bis man mindestens 100000 Wiederholungen
von Zuflucht und Niederwerfung abgeschlossen hat, wie es
manche Ordensangehörige auch getan haben.[84] Darum über-

---

84 *A. d. Hrsg.*: Inzwischen werden Mitras, die um Ordination gebeten haben, das heißt, Männer und Frauen, die in den Orden
eintreten wollen, im Rahmen ihrer Schulungszeiten für die
Ordination in die Zufluchts- und Niederwerfungs-Praktik des
Buddha Śākyamuni eingeführt. Auch während des eigentlichen
Ordinationsretreats und bei Ordenstreffen und -konventen
wird die Praktik geübt. Meist von örtlichen Ordensangehörigen
betreut, nehmen manche Mitras die Praktik mit dem Vorsatz

rascht es kaum, dass die Praktik machtvolle Wirkungen zeitigt, bis hin zur Bewirkung eines radikalen Wandels der geistigen und spirituellen Einstellung. Mit den Monaten und Jahren finden manche Übende sich so sehr in die Erfahrung des Zufluchtnehmens vertieft, dass sie die Zufluchts- und Niederwerfungs-Praktik nicht länger nur als eins der vier *mūla-yogas* oder die Handlung des Zufluchtnehmens als Mittel zur Entstehung des *bodhicitta* ansehen können. Wenn sie überhaupt weiter in solchem Sinne denken, werden sie die Zufluchts- und Niederwerfungs-Praktik als eine praktisch eigenständige spirituelle Übung verstehen. Somit kann man sagen, dass die Praktik, die ich kurz nach Empfang der *abhiṣeka* des Höchst Kostbaren Guru entdeckte und die mir eine weitere Ausleuchtung des Themas der Zufluchtnahme ermöglichte, eigentlich eine Übersetzung der Handlung des Zufluchtnehmens in die reiche und farbenfrohe Art der indo-tibetischen tantrischen Überlieferung verkörpert. Als solche steht sie auch für eine Art von Wiedereinsetzung des Zufluchtnehmens an seinen ursprünglichen Platz im Buddhismus und im buddhistischen Leben.

Doch nicht nur durch Gampopas *Juwelenschmuck der geistigen Befreiung* und meine Entdeckung der Zufluchts- und Niederwerfungs-Praktik warf der tibetische Buddhismus Licht auf das Thema des Zufluchtnehmens für mich. Wenngleich weniger direkt, strahlte solches Licht auch aus den persönlichen Begegnungen mit tibetischen Buddhisten, zumal aus dem direkten Kontakt mit einigen berühmten inkarnierten Lamas der Nyingma-Überlieferung. Kachu Rimpoche, von dem ich die Padmasambhava-Initiation erhalten hatte, war ein Mönch

---

auf, sie mindestens dreimal wöchentlich zusätzlich zu ihrer täglichen Sitzmeditation zu üben.

(wie auch Dhardo Rimpoche, der in der Gelug-Überlieferung ausgebildet war); andere Nyingmapa-Lamas aber waren verheiratet. Tatsächlich zählten einige der angesehensten Nyingmapa-Lamas zu den verheirateten Lamas – überragende spirituelle Persönlichkeiten, auf die auch Kachu Rimpoche mit höchster Ehrfurcht blickte und von denen Initiation und Unterweisung empfangen zu haben, ihn mit Stolz erfüllte.[85] Als ich diese Lamas selbst kennenlernte, konnte ich nicht umhin anzuerkennen, dass es, soweit ich zu sehen vermochte, zwischen ihnen und ihren zölibatären Gegenstücken, ob in der Nyingma-Überlieferung selbst oder in den übrigen tibetischen buddhistischen Überlieferungen, in Bezug auf Gelehrsamkeit und spirituelle Verwirklichung keinen echten Unterschied gab – obwohl man natürlich immer behaupten könnte, zumindest ihre spirituelle Verwirklichung wäre noch größer gewesen, wären sie nicht verheiratet gewesen. Überdies konnte ich nicht umhin zu bemerken, dass es unter den Schülern, die jeden dieser Lamas umgaben, ein starkes Gefühl spiritueller Verbundenheit gab, und dass infolge dieses Gefühls Unterschiede im Lebensstil, zumal zwischen Mönchen und Laienschülern,

---

85 *A. d. Hrsg.*: Sangharakshita bezieht sich hier wohl auf Dilgo Khyentse Rimpoche (1910-1991) und Dudjom Rimpoche (1904-1987), zwei bedeutende Nyingma-Gelehrte und Lehrer, von denen er ebenfalls Initiationen erhielt, darunter diejenige von Amitābha von Dilgo Khyentse Rimpoche, und jene Vajrasattvas von Dudjom Rimpoche. Siehe Sangharakshita, *Precious Teachers*, Birmingham: Windhorse Publications 2007, S. 164 f. und 112-121 (zukünftig auch in *CW* 22). Dilgo Khyentse Rimpoche heiratete nach Jahren der Einzelmeditation auf Vorschlag seines Lehrers. Dudjom Rimpoche war zweimal verheiratet und hatte viele Kinder. Kurze Biographien beider sind enthalten in Kulananda, *Teachers of Enlightenment*. Birmingham: Windhorse Publications 2000, S. 257-263.

für kaum bedeutsam galten. Das stimmte mich nachdenklich. Anscheinend setzten nicht alle Buddhisten das spirituelle Leben mit einem Leben strenger Klösterlichkeit gleich, wie es die Theravādins Südostasiens taten und wie es auch manche Gelugpas trotz des einigenden Einflusses des Bodhisattva-Ideals zu tun pflegten. So führte mein Kontakt mit den verheirateten Nyingmapa-Lamas und ihren Schülern zum weitgehend gleichen Ergebnis wie mein ganz anderer Kontakt mit den ehemals unberührbaren Buddhisten. Ich kam der Einsicht näher, dass Mönchstum und spirituelles Leben nicht dasselbe waren und dass es weniger darauf ankam, ob man Mönch oder Laie war, als vielmehr auf die Tiefe und Stärke der eigenen Zufluchtnahme.

13. DIE DREI JUWELEN UND
ANDERE SCHRIFTEN

Von 1959 bis 1964, als ich nach England zurückkehrte, widmete ich einen Großteil meiner Zeit literarischer Arbeit und, da es während dieser Zeit geschah, dass vom tibetischen Buddhismus her Licht auf das Thema des Zufluchtnehmens fiel, liegt es nur nahe, dass ein Teil dieses Lichts auch von manchen der Bücher und Artikel gespiegelt wird, die ich damals verfasste.

Den Anfang in chronologischer Sicht bildete der Artikel „Ordination und Initiation in den Drei Yanas" (*Ordination and Initiation in the Three Yanas*), der im November 1959 in der Zeitschrift *Middle Way* erschien. Wie der Titel andeutet, sollte der Artikel ein Stück weit die Verwirrung klären, die viele Menschen angesichts des Themas von Ordination und Initiation empfanden, und entsprechend wurde erläutert, was die verschiedenen Ordinationen und Initiationen eigentlich waren und wie sie den drei *yānas* und den jeweiligen spirituellen Idealen, in denen diese *yānas* Ausdruck fanden, entsprachen. Die drei *yānas* waren natürlich das Hīnayāna, das Mahāyāna und das Vajrayāna, die die drei aufeinander folgenden Entwicklungsphasen des Buddhismus in Indien repräsentierten, sowie auch die drei fortschreitenden Abschnitte in der spirituellen Entwicklung individueller Buddhisten.[86] Obwohl Zufluchtnahme nur einmal im Artikel erwähnt wurde, nämlich in Verbindung mit der Ordination im Hīnayāna, ist „Ordination und Initiation in den Drei Yanas" von einiger Bedeutung

---

86 *A. d. Hrsg.*: Später revidierte Sangharakshita diese Auffassung von den drei *yānas*. Siehe Subhuti, *Neue Stimme einer alten Tradition. Sangharakshitas Darlegung des buddhistischen Weges*. Essen: Do Evolution 2011.

für den Prozess, dessen Geschichte ich hier nachzeichne. Im Kontext einer Besprechung des Unterschieds zwischen Ordination oder *saṃvara* einerseits und (tantrischer) Initiation oder *abhiṣeka* andererseits wies ich darauf hin, dass

> der Ritus der Zulassung zum *upāsaka-*, *śrāmaṇera-*, *bhikṣu-* und *bodhisattva*-Status der voll entwickelten indo-tibetischen Überlieferung zufolge in all diesen Fällen *saṃvara*, wörtlich „Zügelung", „Kontrolle", „Verpflichtung" oder „Gelübde" genannt wird.[87]

Das war eine wichtige Entdeckung. Die Tatsache, dass die Zulassung zum *upāsaka-*, *śrāmaṇera-*, *bhikṣu-* und *bodhisattva*-Status in jedem Fall *saṃvara* oder „Ordination" genannt wurde, bedeutete, dass die Unterschiede zwischen den verschiedenen Graden religiöser Personen viel weniger bedeutsam waren, als manchmal geglaubt wurde. Vor allem bedeutete es, dass der Unterschied zwischen Mönch und Laie kein Unterschied zwischen Ordinierten und Nicht-Ordinierten war. Mönche und Laien waren gleichermaßen ordiniert, und darum waren sie auch gleichermaßen Vollmitglieder der buddhistischen spirituellen Gemeinschaft. Das kam der Aussage sehr nahe, *saṃvara* oder Ordination sei ein einender statt ein trennender Faktor im Buddhismus, und somit kam es auch meiner späteren Behauptung sehr nahe, dass Ordination und Zufluchtnahme eigentlich synonym und darum Zufluchtnahme ein einender Faktor im Buddhismus – ja sogar *der* einende Faktor sei. Mit Hinblick auf die drei einander folgenden Phasen der buddhistischen Geschichte wies ich überdies darauf hin, dass man sich Hīnayāna, Mahāyāna und Vajrayāna nicht so vorstellen solle,

---

87 *The Middle Way*, Bd. 34, Nr. 3, November 1959, S. 98. (*CW* 7).

als reihten sie sich wie die Gleisstücke einer Bahnstrecke aneinander, sondern so, dass

> die frühere Phase nicht nur in die spätere übergeht,
> sondern in sie aufgenommen wird und, auf solche
> Weise einverleibt, in ihr weiter lebt.[88]

Das lief darauf hinaus, dass Zufluchtnahme in das *bodhicitta* aufgenommen ist, und damit war der Weg frei für meine spätere Erkenntnis, dass das *bodhicitta* die altruistische Dimension der Zufluchtnahme ist.

Im Jahr 1961 beteiligte ich mich an einer Debatte, die nach der Veröffentlichung des Berichts der *Buddha Sasana Commission* in Ceylon begann. Ich trug einen Artikel mit dem brisanten Titel *Wanted: A New Type of Bhikkhu* („Gesucht: Ein Bhikkhu neuer Art") bei. Durch zustimmende Briefe ermutigt, die ich erhielt, schrieb ich ein Jahr später einen weiteren Artikel mit dem kaum weniger kontroversen Titel *Wanted: A New Type of Upāsaka* („Gesucht: Ein Upāsaka neuer Art") bei. Beide Artikel wählten die Form einer Reihe von Aphorismen (vierundfünfzig im ersten, dreiundsechzig im zweiten), und beide wurden in praktisch allen englischsprachigen buddhistischen Zeitschriften wieder abgedruckt.[89] Da sie vorwiegend für eine südostasiatische buddhistische Leserschaft geschrieben waren, ist die Tendenz der Artikel eher reformistisch als revolutionär. Wie es der letzte Aphorismus im ersten Artikel ausdrück-

---

88 Ebd., S. 101.
89 *A. d. Hrsg.*: Die beiden Artikel erschienen unter anderem in *Maha Bodhi*, Bd. 69, Nr. 10, Oktober 1961, S. 293 ff. und Bd. 70, Nr. 3 und 4, März-April 1962, S. 81-84. Sie wurden jüngst als Anhang in Sangharakshita, *Beating the Drum*, Ledbury: Ibis Publications 2012, S. 269-276 aufgenommen (*CW* 8).

te, war der „neue *bhikkhu*" der alte, auf heutige Bedingungen eingestellt. Indes waren beide Artikel darauf bedacht, die Wichtigkeit moralischer und spiritueller Qualitäten zu betonen, und darum versuchten sie beide, die Kluft zwischen den Mönchen und Laien zu überbrücken. In *Wanted: A New Type of Bhikkhu* wählte der Versuch die Form eines heftigen Angriffs auf klösterlichen Formalismus, den ich nach wie vor als die hartnäckige Sünde des gesamten Theravāda-Zweiges des monastischen Ordens ansah.

> Der *bhikkhu* neuer Art wird nie den Fehler machen
> zu glauben, das Tragen der gelben Robe mache ihn
> zum Mönch,[90]

erklärte der erste Aphorismus, und in vielen der weiteren wurde dieses Prinzip auf einzelne Bereiche des Mönchslebens angewendet. *Wanted: A New Type of Upāsaka* versuchte, die Kluft zwischen Mönchen und Laien durch ein nachdrückliches Beharren darauf zu überbrücken, dass auch *upāsakas* Buddhisten waren und es ihnen darum oblag, entsprechend zu handeln. Mit den Worten der ersten drei Thesen des Artikels:

> Ein *upāsaka* neuer Art wird nie den Fehler machen zu
> glauben, jemand könne „von Geburt Buddhist" sein.
> Er wird nicht mechanisch die *triśaraṇa* und *pañcaśīla*
> an Uposatha-Tagen rezitieren, ohne zu versuchen, sie
> im täglichen Leben zu verkörpern.
> Er wird nicht glauben, die Übung des Dharma sei die
> Pflicht der *bhikkhus*, nicht aber der *upāsakas*.[91]

---

90 *Beating the Drum*, a. a. O., S. 269.
91 Ebd., S. 273.

Offenkundig hätten mein *bhikkhu* neuer Art und mein *upāsaka* neuer Art viele Gemeinsamkeiten gehabt. Sie hätten so viel miteinander gemein gehabt, dass es durchaus verzeihlich war, sie miteinander für Vorboten der Herausbildung von *dharmacārī* und *dharmacāriṇī* zu halten. Wie ich nämlich wenig später erkennen sollte, war das, was Buddhisten vor allem anderen miteinander gemein hatten – und was darum die wesentliche Grundlage ihrer Einheit bildete – die Tatsache, dass sie alle zum Buddha, Dharma und Sangha Zuflucht nahmen und dass dieses Zufluchtnehmen von zentraler Wichtigkeit in ihrem Leben war.

Soweit ich weiß, fand diese Erkenntnis erstmals ihren unzweideutigen Ausdruck im Vorwort zu *The Three Jewels* („Die Drei Juwelen"), wo ich die Zufluchtnahme als

> die zentrale Handlung des buddhistischen Lebens [bezeichnete], aus der heraus alle anderen [buddhistischen] Handlungen ihre Bedeutung beziehen und Buddhismus selbst ohne Bezug auf sie unverständlich bleibt.[92]

Das Vorwort vermerkt den Hampstead Buddhist Vihara als Entstehungsort, und somit wurde es 1965 oder, wahrscheinlicher noch, 1966 geschrieben. Ich hatte *The Three Jewels* in der zweiten Hälfte von 1961 verfasst; die Buchausgabe aber erst

---

92 Sangharakshita, *The Three Jewels*. In: *Complete Works*, Bd. 2, S. 8. – A. d. Ü.: Die seit 1998 erschienenen Ausgaben von *The Three Jewels* enthielten ein neues Vorwort, und so auch die deutsche Übersetzung (*Die drei Juwelen. Ideale des Buddhismus*. Essen: Do Evolution 2007).

1967. Gemeinsam mit *The Eternal Legacy* („Das Buddhawort"[93])
war das Buch mein wichtigstes schriftstellerisches Vorhaben
während der jetzt besprochenen Phase meiner *Geschichte*. Beide Werke traten als Artikelreihen für die *Oriya Encyclopaedia*
ins Leben, wuchsen aber im Fortgang des Schreibens erheb-
lich über den Zweck hinaus, für den sie gedacht waren. Zwar
sprach ich in ihnen nicht in dem Sinne von Zufluchtnahme, wie
ich es drei oder vier Jahre später im Vorwort tat, doch manche
meiner Bemerkungen zum Thema spiritueller Gemeinschaft
zeigen, wie nahe ich der Erkenntnis der absoluten Zentralität
dieser einzigartigen Handlung für die einzelnen Buddhisten
wie auch für den Buddhismus selbst gekommen war. Nachdem ich betont hatte, das wahre Kriterium für die Beziehung
zwischen den Buddha und seinen Anhängern sei nicht körperlich, nicht zeit-räumlich, sondern spirituell und wir seien ihm
dann am nächsten, wenn wir seinem Beispiel so vollkommen
wie möglich folgten, fuhr ich fort:

> Der Sangha ist in erster Linie die Gemeinschaft derer,
> die dank ihrer geringeren oder größeren Annäherung
> an Erleuchtung mit dem Buddha spirituell verbunden
> sind und insofern in seiner Gegenwart weilen. Er ist
> die Gemeinschaft derer, die aufgrund ihrer Beziehung
> mit ihm auch untereinander spirituell verbunden
> sind.[94]

Anders gesagt: Der Sangha ist in erster Linie die Gemeinschaft
derer, die Zuflucht nehmen, denn es ist Zufluchtnahme, die uns

---

93 Sangharakshita, *Das Buddha-Wort: das Schatzhaus der „heiligen
    Schriften" des Buddhismus*; eine Einführung in die kanonische
    Literatur, Bern u. a. O. W. Barth 1992.
94 Sangharakshita, *Die drei Juwelen …*, a. a. O., S. 158.

befähigt, die verschiedenen Stufen des Pfades zu verwirklichen und uns der Erleuchtung „anzunähern"; und Zufluchtnehmen ist das, was die tiefste Grundlage unserer Beziehung zum Buddha und darum auch die tiefste Grundlage unserer Beziehung zu anderen Angehörigen des Sangha bildet. In Ausführung der Tatsache, dass der Begriff „Sangha" in seiner weitesten Bedeutung die ganze buddhistische Gemeinschaft, Mönche wie Laien, Männer wie Frauen umfasst, schrieb ich:

> Zu Lebzeiten des Meisters gab es enge und warmherzige Beziehungen zwischen den von zu Hause „aufgebrochenen" Mönchen und den Haushältern, an deren Türen sie täglich bettelnd standen und in deren Hütten und Gärten sie während der Regenzeit unterkamen. Sie alle waren einander kameradschaftlich zugetan. Sollte es einmal nötig sein, dann konnten die Haushälter beim Meister öffentlich Beschwerden über die *parivrājakas*[95] vorbringen und eine Änderung ihrer Lebensweise empfehlen. Diese gleichberechtigte Haltung war ganz natürlich: Die ihnen allen gemeinsame Hingabe an den Buddha und das Ausmaß, in dem seine Verwirklichung die ihrige überragte, machten die Unterschiede unter seinen Schülern weitgehend hinfällig. Das galt auch für den Unterschied zwischen Mönchen und Nonnen einerseits und Laien andererseits. Die Unduldsamkeit des Buddha gegenüber allen formalistischen Elementen in der Religion und sein kompromissloser Nachdruck auf der Unverzichtbarkeit einer persönlichen Verwirklichung von Nirvāṇa sorgten überdies dafür, dass man seine Schüler –

---

95 Diejenigen, die in die Hauslosigkeit gezogen sind.

wenn überhaupt – eher an ihren inneren Verdiensten als an ihrem Status im organisatorischen Gefüge der Gemeinde maß.

Auch wer geschmückt ist, doch rechtschaffen wandelt,
Gestillt, bezähmt, gefestigt, heilig lebend,
Der gegen alle Wesen Wehetun verwarf,
ist Brāhmana, ist Samana, ist Bhikkhu.[96]

Dass die hauslosen Wandermönche, aller weltlichen Sorgen ledig, viel bessere Aussichten hatten, ans Ziel zu gelangen, wurde aber eingeräumt und sogar betont. Doch mehr als nur ein Ausspruch des Buddha bezeugt, dass auch Haushälter, wenn sie nur entschlossen genug sind, durchaus ebenfalls das Ziel erreichen können und dass es letztlich einzig und allein um die transzendenten Verwirklichungen geht und nicht um die Robe, in die man sich kleidet.[97]

Hier impliziert die Tatsache, dass die ihnen allen gemeinsame Hingabe zum Buddha das ist, was sämtliche Unterschiede zwischen seinen Anhängern, einschließlich derer zwischen Mönchen und Laien, auf ein vergleichsweise unbedeutendes Maß zu verringern neigt, zugleich, dass eben diese allen gemein-

---

96 Ebd., S. 237 f. Zitiert wird Vers 142 aus dem *Dhammapada*. Zitiert aus: Nyanatiloka Mahathera (Übersetzer), *Dhammapada, Des Buddhas Weg zur Weisheit*, Uttenbühl: Jhana Verlag 1999, S. 146. Letzte Zeile leicht verändert.

97 Sangharakshita, *Die drei Juwelen* …, a. a. O., S. 237-238. Ein Sutta, in dem der Buddha alle vier *Vargas*, d.h. *bhikkhus, bhikkhunīs, upāsakas* und *upāsikās* gleichberechtigt nebeneinander stellt, findet sich im Aṅguttara Nikāya ii.8 (IV.7). Siehe deutsche Übersetzung unter: http://www.palikanon.com/angutt/a04_001-010.html#a_iv7 (Geprüft am 29.Oktober 2020)

same Hingabe zum Buddha das Wesensfundament der Einheit unter Buddhisten bildet. Hingabe zum Buddha aber findet ihre Erfüllung in der Zufluchtnahme zum Buddha wie auch zum Dharma und Sangha. Meine Behauptung, ihre gemeinsame Hingabe zum Buddha tendiere dazu, alle Unterschiede zwischen seinen Anhängern vergleichsweise bedeutungslos zu machen, lief darum letztlich darauf hinaus, dass es die ihnen gemeinsame Zuflucht ist, die die grundlegende Basis der Einheit unter ihnen bildet. Mit Bezug auf das Schisma, das sich im Laufe des zweiten Jahrhunderts nach dem *parinirvāṇa* des Buddha ereignet hatte, wies ich überdies darauf hin, dass das Mahāyāna „ein für alle Anhänger des Buddha geltendes spirituelles Ideal" entwickelt hatte, nämlich das Bodhisattva-Ideal mit einem gemeinsamen Pfad, dem Pfad der sechs (oder zehn) *pāramitās*, und dass dadurch die Spannungen zwischen dem Kloster- und dem Laien-Flügel des (Mahā-) Sangha verringert wurden, die

> nun wieder in ihrem Streben nach einem gemeinsamen Ziel vereint [waren] und versuchten, es mit gleichartigen oder ähnlichen spirituellen Methoden zu erreichen.[98]

Auch ein gemeinsamer Vinaya für alle Bodhisattvas, Mönche wie Laien, wurde geschaffen. Somit hatte ich erkannt, dass das Mahāyāna das Bodhisattva-Ideal schon zum einigenden Faktor des Buddhismus gemacht hatte, und nach dieser Einsicht musste ich nur noch erkennen, dass das *bodhicitta* die altruistische Dimension der Zufluchtnahme war, um zu sehen, dass in Wirklichkeit Zufluchtnahme das ist, was den einigenden Fak-

---

98 Ebd., S. 243

tor und damit die „zentrale Handlung des buddhistischen Lebens" bildet.

A Bird's-Eye View of Indian Buddhism („Indischer Buddhismus aus der Vogelperspektive") war ein längerer 1964, kurz vor meiner Abreise aus Indien, entstandener Artikel. Abgesehen von Leitartikeln für das *Maha Bodhi Journal* war es die letzte Schrift, die während der im gegenwärtigen Abschnitt dieser *Geschichte* behandelten Periode verfasst wurde. Sie war von den Delegierten der Oxford University Press für die zweite Ausgabe von *The Legacy of India* („Indiens Vermächtnis") bestellt worden, doch nachdem ich lange Zeit nichts mehr von ihnen gehört hatte und (fälschlich, wie sich herausstellte) annahm, sie hätten sich entschieden, den Artikel nicht zu verwenden, fügte ich ihn als Einleitung in die fünfte Auflage von *A Survey of Buddhism* ein.[99] In der ursprünglichen Fassung spiegelt sich in diesen Seiten nur wenig des Lichts, das vom tibetischen Buddhismus her auf mein Verständnis des Themas der Zufluchtnahme gefallen war. Nach einer Besprechung des *Āryasaṅgha* und des *bhikṣu*-Sangha oder Mönchsordens schrieb ich:

> In einem allgemeineren Sinn umfasst der Sangha die gesamte buddhistische Gemeinschaft: Geweihte und Ungeweihte, ordinierte Religiose und Laienanhän-

---

99 *A. d. Ü.*: Bis zur neunten Auflage diente der Artikel als Einleitung des *Survey*, so auch in der deutschen Übersetzung des ersten Teils mit dem Titel *Buddhadharma. Auf den Spuren des Transzendenten*, Essen: Do Evolution 1999, S. 15-55. – *A. d. Hrsg.*: Für die Ausgabe der *Complete Works* und damit für seine zehnte Auflage wurde Sangharakshitas *magnum opus* im ursprünglichen Umfang wiederhergestellt (siehe *CW* 1). *A Bird's-Eye View of Indian Buddhism* ist nunmehr mit anderen in Indien verfassten Artikeln in Band 7 der *Complete Works* enthalten.

ger, Männer und Frauen. Hier spricht man auch vom *mahā*-Sangha oder der „großen Versammlung". Laienanhänger (*upāsakas* und *upāsikās*) sind diejenigen, die zu den Drei Juwelen Zuflucht nehmen, die Reliquien des Buddha verehren, die Fünf Vorsätze ethischen Verhaltens befolgen und die Mönche unterstützen.[100]

Das ging aber nicht einmal annähernd weit genug. Als ich den Artikel 1978 für die Aufnahme in die fünfte Auflage des *Survey* revidierte, fügte ich folgende Ergänzung ein:

> Obgleich das Leben der Mönche im Laufe der Zeit immer stärker von dem der Laien abwich, blieb die Tatsache, dass sie alle gleichermaßen zum Buddha, Dharma und Sangha Zuflucht nahmen, ein gemeinsamer und potenziell einigender Faktor. Im Fall des Mahāyāna wurde dieser Faktor durch die Entwicklung des Bodhisattva-Ideals verstärkt, eines Ideals, das in gleicher Weise für Mönche, Nonnen und Laien gilt.

Damit war der 1964 geschriebene Artikel mehr in Übereinstimmung mit meinem heutigen Denken gebracht.

Indes hat uns die Erwähnung des Vorworts zu *The Three Jewels* und der Aufnahme von *A Bird's-Eye View of Indian Buddhism* in die fünfte Auflage des *Survey* zu weit voraus gebracht. Ehe ich Indien verließ, durchlief ich noch einen weiteren Abschnitt des Weges, in dessen Verlauf mir Sinn, Bedeutung und Wichtigkeit des Zufluchtnehmens klar wurden.

---

100 Sangharakshita, *Buddhadharma. Auf den Spuren des Transzendenten*, Essen: Do Evolution 1999, S. 33.

14. BODHISATTVA-ORDINATION

Vom Bodhisattva-Ideal fühlte ich mich schon früh in meinem buddhistischen Leben angezogen, schon seit jener Zeit, als ich, kurz nach Lektüre des *Diamant-Sūtra* und des *Plattform-Sūtra*, auf eine Kopie von *The Two Buddhist Books in Mahāyāna* („Die zwei buddhistischen Bücher im Mahāyāna") stieß. Das zweite dieser Bücher, übersetzt und zusammengetragen von Upasika Chihmann[101], waren die „Gelübde des Bodhisattva Samantabha-dra", die einen Teil des *Avataṃsaka*- oder „Blumenschmuck"-Sūtra bilden. Ich las dieses Werk wiederholt und sein Bild des unendlich weisen und unermesslich mitfühlenden Bodhisatt-vas muss mich tief beeindruckt haben, denn die Worte

> Gedanke auf Gedanke ohne Unterbrechung folgend,
> und in körperlichen, sprachlichen und geistigen Taten
> unermüdlich[102]

gingen mir tagelang durch den Kopf. Es war, als verkörperten sie Samantabhadras – oder auch aller Bodhisattvas – stete, nie

---

101 *A. d. Ü.:* Das 1938 von Upasika Chihmann, Bodhisattva in Precepts (Miss P. C. Lee of China) veröffentlichte Buch wurde verschiedentlich wieder aufgelegt, beispielsweise bei Buddha Dharma Education Association Inc./Buddhanet, abrufbar unter: http://www.buddhanet.net/pdf_file/samantabhadra.pdf (Ge-prüft am 19. März 2019).

102 Ebd. S. 13. Vgl. deutsche Übersetzung in Garma C. C. Chang, *Die buddhistische Lehre von der Ganzheit des Seins. Das holis-tische Weltbild der buddhistischen Philosophie.* München: O. W. Barth Verlag 1989, S. 244: „Aber da diese [die Karmas, Sorgen und Leidenschaften der Wesen] ohne Ende sind, werden es auch meine Opfergaben sein in jedem einzelnen der aufeinanderfolgenden Gedanken, in Werken des Leibes, der Rede und des Geistes, ohne Unterbrechung und ohne zu ermüden."

nachlassende Erfüllung der großen Gelübde durch unendlichen Raum und unendliche Zeit hindurch. Sieben oder acht Jahre später, kurz nach meiner Ankunft in Kalimpong, stieß ich auf Śāntidevas *Śikṣā-samuccaya* oder „Leitfaden der Unterweisung [für angehende Bodhisattvas]"[103] und fühlte mich als Folge davon noch stärker als je zuvor vom Bodhisattva-Ideal angezogen – in der Tat so stark, dass „Anziehung" ein viel zu schwaches Wort für meine Empfindungen ist. In Wahrheit war ich erregt, hingerissen, beschwingt und begeistert vom Bodhisattva-Ideal, und diese Gefühle fanden in einigen der Gedichte und Artikel Ausdruck, die ich damals schrieb, sowie im vierten Teil von *A Survey of Buddhism*.[104] Dass ich so stark berührt war, hatte zwei Gründe. Erstens war da die unübertreffliche Erhabenheit des Bodhisattva-Ideals – des Ideals, sich über unzählige Lebzeiten hinweg dem Erlangen Höchster Erleuch-

---

103 Śāntideva, *Śikṣā-samuccaya*: A compendium of Buddhist doctrine compiled chiefly from earlier Mahāyāna Sūtras. Englische Übersetzung von Cecil Bendall und W. H. D. Rouse (trans): London: Murray 1922. Abrufbar unter: https://ia800201.us.archive.org/14/items/sikshasamuccayac00santuoft/sikshasamuccayac00santuoft.pdf (geprüft 19.3.2019). – *A. d. Hrsg.*: Śāntidevas *Śikṣā-samuccaya* ist eine Sammlung von Zitaten aus Mahāyāna-Sūtras. Das Werk kann nicht genau datiert werden; es heißt, Śāntideva habe um um das Jahr 700 gelebt. Sangharakshita fand den Band in einem Schrank des Dharmodaya Vihara, wo er sich zunächst nach seiner Ankunft in Kalimpong im März 1950 niederließ. Siehe *Facing Mount Kanchenjunga, CW* 21, S. 23.

104 *A. d. Hrsg.*: Dieser Teil mit dem Titel „Das Bodhisattva-Ideal" erkundet das Thema unter den Gesichtspunkten des Ideals als einigendem Faktor im Buddhismus, eines Vergleichs von Bodhisattva- und Arhant-Ideal, des Bodhisattva-Pfades, des *bodhicitta* und der *pāramitās*. Siehe Sangharakshita, *A Survey of Buddhism, CW* 1, S. 394-554.

tung zum Wohl aller Lebewesen zu weihen. Zweitens folgte ich in der Tat der Anordnung meines Lehrers Kashyapji „Bleibe hier und arbeite für das Wohl des Buddhismus"[105], und das konnte ich ohne eine starke spirituelle Stütze nicht tun, zumal ich kaum wirkliche Hilfe oder Mitarbeit seitens derer fand, die angeblich mit mir arbeiten sollten. Diese spirituelle Stütze fand ich im Bodhisattva-Ideal, und es lieferte mir ein Vorbild – und zwar auf höchstmöglicher Stufe – für das, was ich selbst in meinem unendlich kleineren Wirkungskreis und auf einer unendlich niedrigeren Ebene zu tun versuchte.

Daher war es kaum überraschend, dass ich am 12. Oktober 1962 – neun Tage vor meiner Padmasambhava-Initiation – die Bodhisattva-Ordination empfing.[106] Zu jener Zeit war ich schon mehr als zwanzig Jahre lang Buddhist und dreizehn Jahre lang Mönch; für das Wohl des Buddhismus war ich seit zwölf Jahren tätig. Während der letzten fünf Jahre hatte ich dafür nicht allein entsprechend der ursprünglichen Anweisung in Kalimpong und den benachbarten Bergorten gearbeitet, sondern auch unter den ehemals unberührbaren Buddhisten in Zentral- und West-Indien. Darum fühlte ich mich nun zur Bodhisattva-Ordination bereit, bereit dazu, auf diese Weise meiner Zustimmung zum Bodhisattva-Ideal förmlichen Ausdruck zu verleihen. Überdies hatte ich einen Präzeptor gefunden, von dem ich die Ordination empfangen konnte. Das war Dhardo Rimpoche, der Höchst Kostbare von Dhartsendo, den ich seit 1953 kannte und inzwischen als jemanden verehrte, der selbst ein lebender Bodhisattva war. Anlässlich meiner *śrāmaṇera*-Ordination war

---

105 *A. d. Hrsg.*: Siehe *Facing Mount Kanchenjunga*, a. a. O. Kapitel 1.
106 *A. d. Hrsg.*: Sangharakshita beschreibt seine Bodhisattva-Ordination in *Precious Teachers*, Birmingham: Windhorse Publications 2007, S. 152 ff. (*CW* 22).

U Chandramani darum besorgt gewesen, dass ich die Worte der Zufluchtformel korrekt aussprechen würde, doch er hatte nichts über die Bedeutung dieser Worte oder über die Wichtigkeit der Handlung des Zufluchtnehmens selbst gesagt. In gleicher Weise hatte mir mein burmesischer Präzeptor bei meiner *bhikṣu*-Ordination bloß die vier Bedarfsgegenstände der Mönche erklärt. Dhardo Rimpoche dagegen gewährte mir nicht nur die Bodhisattva-Ordination, sondern er erläuterte anschließend auch die vierundsechzig Bodhisattva-Vorsätze in einigem Detail, so dass ich sie aus dem Tibetischen ins Englische übersetzen konnte.[107] Nicht weniger wichtig war, dass ich mit Dhardo Rimpoche, anders als mit meinen beiden ersten Präzeptoren, mit denen ich nach Empfang der Ordination aus ihren Händen keinen weiteren Kontakt hatte, weiterhin für den Rest meines Aufenthalts in Indien in regelmäßigem persönlichen Austausch sein konnte.[108]

Welche Wirkung hatte es aber auf mich, die Bodhisattva-Ordination zu nehmen? Zum damaligen Zeitpunkt gab es mir ein deutliches Gefühl spirituellen Fortschritts, denn ich verstand das Hīnayāna, Mahāyāna und Vajrayāna noch als Verkörperungen aufeinander folgender Phasen oder Stufen der Entwicklung und hielt darum die Bodhisattva-Ordination noch für „höher" als die *bhikṣu*-Ordination, so wie die *bhikṣu*-Ordination „höher" war als die *upāsaka*-Ordination. Auf lange Sicht aber

---

107 Die vierundsechzig Bodhisattva-Vorsätze sind im Anhang dieses Buches wiedergegeben.

108 *A. d. Hrsg.*: Sangharakshita schreibt über Dhardo Rimpoche und seine Verbindung mit ihm in *In the Sign of the Golden Wheel*, Birmingham: Windhorse Publications 1996, besonders S. 180 ff., 220 f., 311 ff. und 317-323. (*CW* Bd. 22); sowie in *Precious Teachers*, a. a. O., S. 31-36 und 159 ff.

resultierte die Annahme der Bodhisattva-Ordination darin, dass ich mich weniger als Mönch verstand, der auch das Bodhisattva-Ideal annahm, sondern eher als (*triyāna-*) Buddhist, der auch Mönch war. Dass die Entstehung des *bodhicitta* – sprich: zum Bodhisattva zu werden – eigentlich die altruistische Dimension des Zufluchtnehmens war, brachte mich wiederum dazu, mich einfach als Mönch zu verstehen, der Zuflucht nahm, oder als Mensch, der Zuflucht nahm und dies tat, indem er in klösterlicher oder halb-klösterlicher Weise lebte. Selbstverpflichtung war primär, Lebensstil sekundär.

15. Licht vom *Vaticanum II*

Im August 1964 kehrte ich auf Einladung des *English Sangha Trust* nach England zurück und ließ mich im *Hampstead Buddhist Vihara* nieder.[109] Meine ursprüngliche Absicht war, nur etwa vier Monate oder bestenfalls ein halbes Jahr lang zu bleiben, denn ich sah mich auf DauerIndien ansässig.[110] Schließlich aber, nach zwei Jahren im Hampstead Buddhist Vihara, beschloss ich, auf unbestimmte Zeit in England zu bleiben. Darum machte ich einen Abschiedsbesuch in Indien und kehrte im März 1967 endgültig nach England zurück.[111]

Während der beiden Jahre im Hampstead Buddhist Vihara war ich außerordentlich stark beschäftigt. Meine Zeit wurde vor allem durch Vorträge, Meditationsunterricht im Vihara und der *Buddhist Society* sowie mit Besuchen bei den verschiedenen regionalen buddhistischen Gruppen in Beschlag genommen. Ich stand auch für persönliche Gespräche zur Verfügung. Von eigener literarischer Tätigkeit konnte zwar keine Rede sein, doch gelang es mir, etwas Zeit zum Lesen zu finden, wobei ich damals besonders daran interessiert war, mich über aktuelle Entwicklungen im Christentum zu informieren.

---

109 *A. d. Hrsg.*: Davon wird in *Precious Teachers*, a. a. O., S. 170 (*CW* 22) berichtet sowie in *Moving against the Stream*, Birmingham: Windhorse Publications 2007, S. 151 ff. (*CW* 23).

110 *A. d. Hrsg.*: In einem Brief vom 19. August 1963 an seinen Freund Dinoo Dubash heißt es: „Ich habe eine Einladung angenommen, im nächsten Jahr für einige Monate nach England zu gehen (natürlich für Vorträge)." Siehe *Dear Dinoo*. Siehe *CW* 21, S. 578.

111 *A. d. Hrsg.*: Die beiden Jahre im Vihara und die Abschiedsreise nach Indien sind Thema der Kapitel 1-33 und 43-51 von *Moving Against the Stream*, a. a. O. (auch *CW* 23).

Eines Tages stieß ich auf ein Buch über das *Zweite Vatikanische Konzil* und vertiefte mich sofort in die Lektüre. Später las ich kaum weniger begierig weitere Bücher zum Thema. Eines dieser Bücher beschrieb die römisch-katholische Kirche als von Autoritarismus, Zentralismus und Triumphalismus charakterisiert. Ob diese Kennzeichnung das Eigenurteil der Kirche über ihr vorkonziliares, tridentisches Selbst[112] war oder nur das Urteil des Autors repräsentierte, erinnere ich nicht, doch es handelte sich um eine Kennzeichnung, die meine Aufmerksamkeit sofort bannte. Von Autoritarismus und Zentralismus hatte ich schon gehört, nicht aber von Triumphalismus, womit offenbar das Frohlocken über die rein weltlichen Siege und Errungenschaften der Kirche allgemein, sowie insbesondere ihrer Hierarchie und Geistlichkeit gemeint war, als seien sie spirituelle Siege und spirituelle Errungenschaften. Faktisch bedeutete es, die weltliche Macht und Herrlichkeit der Kirche fälschlich für spirituelle Macht und Herrlichkeit zu halten und zu glauben, wenn man sich für erstere einsetze, arbeite man auch für die letztere.

Das warf zweifellos Licht auf die römisch-katholische Kirche und erklärte manches, was in der Geschichte des Christen-

---

112 *A. d. Ü.*: Mit dem Konzil von Trient (1545-1563), auch *Tridentinum* genannt, reagierte die römisch-katholische Kirche auf Geschehen und Folgen der Reformation. Das Erste Vatikanische Konzil, *Vaticanum I* von 1869-1870 erhob die Lehre von der Unfehlbarkeit des Papstes zum Dogma, bevor es aufgrund des Ausbruchs des deutsch-französischen Krieges unterbrochen wurde. Das Zweite Vatikanische Konzil, *Vaticanum II*, wurde 1962 von Papst Johannes dem XXIII. mit dem Ziel pastoraler und ökumenischer Erneuerung einberufen und endete im Dezember 1965. (Information zusammengestellt nach *Wikipedia*, 20. März 2019.)

tums selber bedauerlich war. Doch plötzlich traf mich mit der Macht eines Donnerschlags der Gedanke, dass der Mönchsorden des Theravāda ebenfalls von Triumphalismus charakterisiert war. Ich dachte an Situation, in denen singhalesische Mönche überheblich darauf bestanden hatten, Vortritt vor allen anderen zu erhalten und faktisch wie *VIPs* behandelt zu werden, weil sie glaubten, sie würden dadurch die Überlegenheit des Dharma aufrechterhalten. Genauso erinnerte ich mich an die Art und Weise, in der besuchende Thai *bhikṣus* sich darauf beschränkt hatten, die frisch zum Buddhismus übergetretenen ehemals Unberührbaren zu lehren, wie sie sich vor Angehörigen des Mönchsordens niederwerfen und ihnen Opfergaben darbieten sollten, und dies mit einem Gehabe, als würden sie damit besonders wirksam den Buddhismus unter den Ex-Unberührbaren verbreiten. Ja, je mehr ich über das heimtückische Wesen des Triumphalismus nachsann, desto mehr Beispiele für ihn unter Theravāda-Mönchen fielen mir ein, und je mehr Beispiele mir einfielen, desto überzeugter wurde ich, dass der Theravāda-Orden in der Tat von Triumphalismus gekennzeichnet war. Damit aber nicht genug. Ich war selbst in den Mönchsorden des Theravāda ordiniert worden, und mit Schrecken erkannte ich, dass ich durchaus von seiner triumphalistischen Haltung beeinflusst sein mochte, sei es auch nur in beschränktem Maß. Eine Spur von Triumphalismus mochte sich sogar in einige meiner Schriften, zumal meine Leitartikel im *Maha Bodhi* eingeschlichen haben.[113] Als ich das erkannt hat-

---

113 *A. d. Hrsg.*: Die Zeitschrift *Maha Bodhi* war im Mai 1892 von Anagarika Dharmapala gegründet worden. Sangharakshita wurde 1954 ihr leitender Redakteur und trug selbst monatliche Leitartikel sowie gelegentliche Artikel oder Gedichte bei, während er auch Beiträge von einigen der führenden bud-

te, beschloss ich, in Zukunft wachsam gegen jeden Triumpha-lismus in mir selbst und in anderen zu sein und zu versuchen, ihn mit allen nur möglichen Mitteln zu unterbinden. Mochte er die römisch-katholische Kirche charakterisieren oder nicht, im Buddhismus gab es für ihn keinen Platz und im spirituel-len Leben ebenfalls nicht.

Seltsamerweise wurde mir zur selben Zeit, als ich gewahr wurde, dass der Mönchsorden des Theravāda von Triumpha-lismus gekennzeichnet war, auch deutlicher bewusst, dass es in meiner unmittelbaren Umgebung ebenfalls eine Menge Tri-umphalismus gab sowie auch erheblichen Formalismus. Da-mals weilten vier oder fünf singhalesische und thailändische Mönche gemeinsam mit mir im Hampstead Buddhist Viha-ra, und sie alle bekundeten einigen Triumphalismus in ihrem Umgang mit britischen Buddhisten. Das war so sehr Fall, dass es mich an die Art und Weise erinnerte, wie die besuchen-den Thai-Mönche die ehemals unberührbaren Buddhisten be-lehrt hatten, denn obwohl die Mönche, die mit mir im Vihara weilten, sich gewiss nicht darauf beschränkten, ihre britischen Schüler zu lehren, wie sie sich vor Angehörigen des Mönchs-ordens niederwerfen und ihnen Opfergaben darbieten sollten, gab es doch dieselbe unverhältnismäßige Betonung auf die-se Dinge, deren Zeuge ich in Indien geworden war. Eine sol-che Betonung war für britische Buddhisten aber keineswegs neu. Ob in Gestalt ihrer östlichen oder ihrer westlichen Re-präsentanten, der Triumphalismus des Theravāda Mönchsor-dens war seit mehr als einem Jahrzehnt ein bestimmender Fak-tor in Teilen der britischen buddhistischen Bewegung. Das war

dhistischen Autoren der Zeit anzog. Seine Leitartikel sind in *Beating the Drum*, Ledbury: Ibis Publications 2012 gesammelt (*CW* 8).

mir schon aufgefallen, als ich nur wenige Tage nach meiner Ankunft in England einige Teilnehmer der jährlichen Sommerschule der *Buddhist Society* damit schockierte (und andere überraschte und erfreute), dass ich am selben Tisch wie alle anderen aß.[114] Aufgrund solcher Vorfälle kam ich allmählich zu dem Schluss, dass es im Westen zwar ein Potenzial für den Dharma gab, dass aber die bestehende britische buddhistische Bewegung in mancher Hinsicht schon vom rechten Pfad abgekommen war und dringend eine neue buddhistische Bewegung benötigt wurde.

---

114 *A. d. Hrsg.*: Sangharakshitas Erfahrungen mit den Haltungen der Theravādins im Hampstead Buddhist Vihara werden in *Moving Against the Stream*, a. a. O., besonders Kapitel 3 erzählt; Kapitel 6 berichtet von der Sommerschule (s. auch *CW* 23).

16. „DIE BEDEUTUNG DES KON-VERTIERENS IM BUDDHISMUS"

Während meiner zwei Jahre im Hampstead Buddhist Vihara dürfte ich mehr als zweihundert Vorträge gehalten haben. Manche Zuhörer verstanden sich als Buddhisten, andere – zweifellos die Mehrheit – hingegen nicht. Unter denen, die sich als Buddhisten verstanden, gab es viele, die sich auch als zum Buddhismus *bekehrt* verstanden, und zwar meistens vom Christentum. Das veranlasste mich, mehr als zuvor darüber nachzudenken, was „Konvertieren ", zumal im Kontext des Buddhismus, bedeutet. Dies wiederum führte dazu, dass ich eine vierteilige Vortragsreihe mit dem Titel *The Meaning of Conversion in Buddhism* („Die Bedeutung des Konvertierens im Buddhismus") hielt, in der ich das Thema „Konvertieren" zum (und im) Buddhismus im Sinne von Zufluchtnahme, Stromeintritt, Entstehung des Erleuchtungsstrebens und Umkehr im tiefsten Sitz des Bewusstseins behandelte.[115]

Die Vorträge wurden im Sommer 1965 gehalten und ich konnte darin einige der neuen Ideen ausdrücken, zu denen ich als Ergebnis meiner Erkenntnis der zentralen Bedeutung der Zufluchtnahme im buddhistischen Leben gelangt war. Damit ist nicht gesagt, dass solcherlei Ideen nicht auch in manch anderen Vortrag eingeflossen wären, den ich während meiner zwei Jahre im Hampstead Buddhist Vihara hielt. Als ich bei der Vorbereitung der Niederschrift dieses Teils der Geschichte meiner Zufluchtnahme meine Vortragsnotizen jener Tage durchsah, erstaunte mich tatsächlich das Ausmaß, in dem spä-

---

115 Sangharakshita, *The Meaning of Conversion in Buddhism.* Birmingham: Windhorse Publications 1994 (aufgenommen in *CW* 2).

tere Entwicklungen meines Denkens vorweggenommen waren. Doch obgleich manche meiner neuen Ideen (oder eher: meiner neuen Deutungen alter Ideen) in andere Vorträge eingeflossen sein mögen, geschah es doch nur in den vier Vorträgen über „Die Bedeutung des Konvertierens im Buddhismus", dass einige von ihnen mehr oder minder systematischen Ausdruck im Rahmen traditionellen buddhistischen Denkens fanden. „Konvertieren" selbst definierte ich als eine „Kehrtwendung" (*turning around*) von einer niedrigeren zu einer höheren Lebensweise oder, spezifischer, vom weltlichen Leben zu einem spirituellen Leben. Das war manchmal ein langsames, schrittweises Geschehen über viele Jahre hinweg; manchmal geschah es geradezu augenblicklich, und dann konnte man von einem „plötzlichen Konvertieren" sprechen. Wie immer sie sich ereignen mochte, sie war von höchster Bedeutung und markierte den Anfang des spirituellen Lebens, weshalb sie eine ernsthafte Betrachtung wert war. Bei einer Untersuchung der Bedeutung von Konvertieren in Verbindung mit Buddhismus stellte man fest, dass es keine so einfache Sache war, wie gemeinhin angenommen wurde. Im Buddhismus gab es Konvertieren in mehreren Arten und sie geschah auf verschiedenen Stufen.

Im Sinne von Zuflucht nahme bedeutete Konvertieren die Ausrichtung des eigenen Lebens auf den Buddha, den Dharma und den Sangha, die als die „Drei Juwelen" die Welt der höchsten spirituellen Werte verkörperten oder das, was über alles andere hinaus anziehend und wünschenswert war. Es bedeutete, dass man sein Leben um die Drei Juwelen herum ordnete, und der Großteil des ersten Vortrags war einer Erklärung gewidmet, wie das im Fall jedes einzelnen Juwels ausgeführt wurde. Im Fall des Buddha bedeutete Zuflucht nahme, ihn als die lebendige Verkörperung des höchsten spirituellen Ideals anzunehmen. Falls man jemand anderen dafür hielt, dann gab es keine Zuflucht, und man mochte wohl den Buddha und den Buddhismus bewundern, doch man war kein Buddhist. Das mochte vielleicht als engstirnig erscheinen, war es aber nicht. Hingabe war ihrem Wesen nach exklusiv, denn man konnte das Herz nur an das heften, was man als Höchstes wahrnahm. Im Fall des Dharma, gleichermaßen als „Lehre" wie als „spirituelles Prinzip" verstanden, war Zufluchtnahme von zweierlei Art: intellektuell und spirituell. Intellektuell bedeutete sie, die Lehrformulierungen zu studieren, in denen der Dharma als spirituelles Prinzip Ausdruck gefunden hatte; spirituell bedeutete sie die persönliche Verwirklichung dieses Prinzips. Im Fall des Sangha, der in eins die spirituelle Hierarchie, den Mönchsorden und die gesamte buddhistische Gemeinschaft bezeichnete, war Zufluchtnahme dreifältig, insofern man in jeder dieser Bedeutungen Zuflucht zum Sangha nehmen konnte. Es gab aber noch eine tiefere Bedeutung. Wer Zuflucht zum Sangha nahm, nahm auch Zuflucht zum Buddha und zum Dharma. Das heißt, alle Zuflucht Nehmenden hatten einen gemeinsamen spirituellen Lehrer (oder spirituelles Ideal), eine gemeinsame Lehre (oder spirituelles Prinzip), und dies führte tendenziell dazu, sie alle auch auf sozialer Ebene zusammen zu führen. Was aber war mit „zusammen" gemeint? Nicht gemeint waren damit physische Nähe oder Übereinstimmung hinsichtlich von Lehrfragen oder auch Verwirklichung derselben Stufen des spirituellen Pfades. Es war subtiler als das. Das „zusammen" betraf Kommunikation, die nicht bloß ein Gedankenaustausch war, sondern eine vitale wechselseitige Empfänglichkeit[116] auf der Grundlage eines geteilten spirituellen Ideals und eines gemeinsamen spirituellen Prinzips. Es war eine gemeinsame Erkundung der spirituellen Welt in vollkommener Harmonie und völliger Ehrlichkeit. Auf solche Weise trat spiritueller Fortschritt ein. Die Erkundung konnte zwischen Guru und Schüler geschehen oder auch unter Freunden (dies nahm den Aspekt „vertikaler" und „horizontaler" Kommunikation beziehungsweise spiritueller Freundschaft späterer Erörterungen vorweg) – doch im Verlauf der Kommunikation miteinander würden solche Unterscheidungen ihre Bedeutung zunehmend verlieren. Jedenfalls würde man mit der Zufluchtnahme zum Sangha von einem bloßen Kontakt, der meist bedeutungslos und oberflächlich war, Zuflucht zu spiritueller Kommunikation nehmen.

Auf diese Weise lenkte ich im ersten meiner Vorträge über „Die Bedeutung des Konvertierens im Buddhismus" die Aufmerksamkeit auf die Tatsache, dass Sangha oder spirituelle Gemeinschaft Kommunikation bedeutete – ein Thema, das in späteren Jahren kraftvoll durch den Westlichen Buddhistischen Orden (WBO) und die Freunde des WBO erklang. Danach erinnerte ich meine Zuhörer daran, dass Zufluchtnahme zu den Drei Juwelen nicht nur eine Kehrtwendung im Sinne des Konvertierens vom Christentum oder einer anderen Religion zum Buddhismus, sondern vom weltlichen zum spirituellen

---

116 *A. d. Ü.*: Der englische Ausdruck ist hier: „a vital mutual responsiveness". *Vital* ließe sich auch als „lebensprühend, lebendig, lebensnotwendig, lebenserhaltend, grundlegend, wichtig, äußerst wichtig, wesentlich" u.a.m. übersetzen, und alle diese Bedeutungen sollten durchaus mitgedacht beziehungsweise mitempfunden werden. Ähnliches gilt für *responsiveness*, in dem neben anderen Bedeutungen „Zugewandtheit, Ansprechbarkeit, Entgegenkommen, Aufgeschlossenheit" anklingen.

Leben ausmachte. Es bedeutete Konvertieren von beschränkten menschlichen Idealen zu einem absoluten spirituellen Ideal, von „kleinen Systemen, die bald ausgedient haben"[117] zu einem in spirituellen Prinzipien gründenden Pfad, und von bedeutungsarmen weltlichen Kontakt zu bedeutungsreicher spiritueller Kommunikation. Das alles war in der Wiederholung der Worte *Buddhaṃ saraṇaṃ gacchāmi* und so weiter enthalten. Aber mehr noch: Konvertieren bedeutete „sich wandeln in". Zufluchtnahme besagte nicht nur „Kehrtwende zu" den Drei Juwelen, sondern in sie verwandelt zu werden. Somit war ein Aspekt der Bedeutung von Konvertieren im Buddhismus die Verwandlung in die Drei Juwelen. Der Geist wurde erleuchtet – „Buddha"; das eigene Denken kam in Einklang mit dieser Erleuchtung – es wurde „Dharma"; das eigene Handeln, ganz besonders die Kommunikation, wurde spirituell bedeutungsvoll – es wurde „Sangha".[118]

Damit kam ich vom Konvertieren *zum* Buddhismus, wie sie sich im Zufluchtnehmen verkörpert, zu Konvertieren *im* Buddhismus, verkörpert von Stromeintritt und der Entstehung des Erleuchtungsstrebens. Es genügte nicht, das eigene Leben auf die Drei Juwelen auszurichten oder es in einer allgemeinen

---

117 *A. d. Ü.*: „kleine Systeme, die bald ausgedient haben" ist eine Anspielung auf Alfred Lord Tennysons (1809-1892) Gedicht *In Memoriam: A. H. H.*, in dem es heißt: „Our little systems have their day; / They have their day and cease to be".

118 Dieser Gedanke fand zwei Jahre später in der Weihungszeremonie Ausdruck, die ich zur Eröffnung des *Triratna Shrine and Meditation Centre*, der ersten Stätte der neu gegründeten FWBO schrieb [am 6. April 1967]: „Indem wir hier sitzen und üben, / Möge unser Geist Buddha werden, / Möge unser Denken Dharma werden, / Möge unsere Begegnung miteinander Sangha sein."

Art um sie herum zu ordnen. Es genügte nicht einmal, in sie verwandelt zu werden. Die Verwandlung musste zu einer beständigen werden. Es musste eine beständige Verlagerung des Zentrums des eigenen Daseins geben, eine Verlagerung vom bedingten Dasein zum Unbedingten; es musste einen endgültigen Wechsel vom Kreislauf zur Spirale geben – und das war es, was mit „Stromeintritt" gemeint war. Deshalb war der größere Teil meines zweiten Vortrags über „Die Bedeutung des Konvertierens im Buddhismus" der Erläuterung gewidmet, was mit Kreislauf und Spirale gemeint war, und dazu gehörte es, Themen zu behandeln wie das Prinzip der Bedingtheit, die zwei Modalitäten bedingten Geschehens, das heißt die zyklische und die fortschreitende Art, das tibetische Lebensrad, die zwölf *nidānas*, den Pfad der Schauung, die drei Merkmale weltlicher Existenz und die drei Fesseln. Ähnlich widmete sich der größere Teil meines dritten Vortrags über die Entstehung des Erleuchtungsstrebens einer Erklärung, was mit Erleuchtung (*bodhi*) gemeint war, mit Streben oder Wille (*citta*) und mit Entstehung (*utpāda*). Der Überlieferung zufolge gab es drei Arten (oder Grade) von *bodhi* oder Erleuchtung, und diese verkürzte ich auf zwei: Erleuchtung, die erlangt, aber nicht kommuniziert wird, und Erleuchtung, die sowohl erlangt als auch kommuniziert wird. Die Entstehung des Erleuchtungsstrebens bezog sich auf die zweite dieser beiden und stand für den Übergang auf transzendenter Stufe von einer individualistischen zu einer altruistischen Haltung. Sie stand für das Konvertieren von einem subtilen spirituellen Selbst-Erleben zu einem Leben völliger Selbstlosigkeit.

Weil man kaum darüber hinausgehen könnte, näherte ich mich im vierten und letzten Vortrag dem Thema des Konvertierens im Buddhismus aus einem ganz frischen Ansatzpunkt und behandelte es im Sinne der Umkehr im tiefsten Sitz des Bewusstseins. *Parāvṛtti*, „Umkehr" oder „Umwälzung" bestand in der Kehrtwendung von einem oberflächlichen zu einem tiefgründigen Modus des Gewahrseins. Dem *Laṅkāvatāra-Sūtra*, einem der Kerntexte der Yogācāra-Schule, zufolge gab es acht Arten von Bewusstsein (*vijñāna*) oder, genauer, unterscheidendem Gewahrsein. Es gab fünf Arten von Sinnes-Bewusstsein, das Denkbewusstsein, das befallene oder getrübte Denkbewusstsein (von einer dualistischen Haltung befallen, der entsprechend es Erleben im Sinne von Subjekt und Objekt, Selbst und Welt deutete), und das *ālaya*- oder Speicher-Bewusstsein. Das *ālaya*- oder Speicher-Bewusstsein hatte zwei Aspekte, einen relativen und einen absoluten. Das relative *ālaya* bestand aus den von früheren Erfahrungen, ob im gegenwärtigen oder in früheren Leben, zurückgelassenen Eindrücken. Man stellte sich diese Eindrücke als Samen vor, die nicht passiv, sondern (potenziell) aktiv waren und sprießen konnten, wann immer die Umstände es zuließen. Das absolute *ālaya* war Realität selber, als reines Gewahrsein aufgefasst, frei von jeglicher Spur der Subjekt-Objekt-Dualität. Die „Umkehr" oder „Umwälzung" ereignete sich an der Grenze zwischen dem relativen *ālaya* und dem absoluten *ālaya*. Als Resultat unserer religiösen Handlungen wurden reine Samen, wie man sie nannte, im relativen *ālaya* eingelagert, und wenn sich genügend viele davon angesammelt hatten, wirkte das absolute *ālaya* in solcher Weise auf sie, dass sie die von unseren weltlichen Taten deponierten unreinen Samen ausstießen. Dieses Ausstoßen machte die Umwälzung im tiefsten Sitz des Bewusstseins (das heißt im *ālaya*) aus und bewirkte die Verwandlung des gesamten *vijñāna*-Systems, wobei die fünf Arten von Sinnesbewusstsein miteinander in die Alles Vollbringende Weisheit, das Denkbewusstsein in die Unterscheidende Weisheit, das befleckte Bewusstsein in die Weisheit der Wesensgleichheit und das relative *ālaya* in die Spiegelgleiche Weisheit verwandelt wurden. Das absolute *ālaya* bedurfte keiner Verwandlung und wurde mit der Weisheit des *dharmadhātu* gleichgesetzt. Im Sinne der Umkehr im Tiefsten Sitz des Bewusstseins bestand Konvertieren im Buddhismus somit in der Wendung von einem dualistischen zu einem nicht-dualistischen Bewusstseins-Modus und darin, eine radikale Transformation des gesamten eigenen Seins zu vollbringen.

Durch die Behandlung des Konvertierens zum (und im) Buddhismus in der Sprache von Zufluchtnahme, Stromeintritt, Entstehung des Erleuchtungsstrebens und Umkehr im Tiefsten Sitz des Bewusstseins stellte ich klar, dass sie alle Aspekte eines einzigen Vorgangs waren. Dieser Vorgang war natürlich der Prozess des Konvertierens. Da Zufluchtnehmen ein Aspekt von Konvertieren war, da Stromeintritt ebenfalls ein Aspekt von Konvertieren war, konnte man Zufluchtnehmen und Stromeintritt im Prinzip gleichsetzen, so wie auch Zufluchtnehmen und die Entstehung des Erleuchtungsstrebens. Obwohl ich diese Gleichsetzung in meinen Vorträgen über „Die Bedeutung des Konvertierens im Buddhismus" nicht ausdrücklich vollzog und dies auch erst einige Jahre später tat, kam ich im Vortrag über die Entstehung des Erleuchtungsstrebens doch nahe daran. Nachdem ich die drei Arten (oder Grade) der Erleuchtung auf zwei reduziert hatte, Erleuchtung, die erlangt, aber nicht kommuniziert wird, und Erleuchtung, die sowohl erlangt als auch kommuniziert wird, stellte ich im

Folgenden ein Axiom auf (und diese Worte sind in meinen Notizen hervorgehoben):

> Eine spirituelle Erfahrung, die man für sich selbst behalten kann, ist nicht dasselbe wie eine, die kommuniziert wird – die in der Tat kommuniziert werden muss, nämlich in dem Sinn, dass das Wesen der Erfahrung selbst verlangt, dass sie kommuniziert wird.[119]

Das bedeutete letztlich die Aufhebung der Unterscheidung zwischen den zwei Arten (oder Graden) von Erleuchtung (eine spirituelle oder transzendente Erfahrung für sich selbst zu behalten, war tatsächlich ein Selbstwiderspruch), und das hieß Aufhebung der Unterscheidung zwischen Zufluchtnahme und Entstehung des Erleuchtungsstrebens, denn die Erleuchtung, in Bezug auf die das Erleuchtungsstreben entstand, war nichts anderes als die Erleuchtung, die das höchste Objekt der Zufluchtnahme war. Die Entstehung des Erleuchtungsstrebens setzte nicht dort ein, wo Zufluchtnahme sozusagen aufhörte (denn Zufluchtnahme hörte gar nicht auf), sondern sie war das, was ich später die altruistische Dimension der Zufluchtnahme nannte. Genauso verhielt es sich mit Zufluchtnahme und Stromeintritt. Auch Stromeintritt setzte nicht dort ein, wo Zufluchtnahme aufhörte, sondern war Zufluchtnehmen selber auf einer höheren, transzendenten Ebene: Er war, was ich später *wirkliches* oder *reales* Zufluchtnehmen nannte, im Unterschied zur *provisorischen* Zufluchtnahme, die nur kulturell und formal war, und zur *effektiven* oder *wirksamen* Zufluchtnahme, aus der man weiterhin zurückfallen konnte. So bahnte ich in meinen

---

119 Sangharakshita, *The Meaning of Conversion in Buddhism*, a. a. O., S. 53. (*CW 2, S. 268*).

vier Vorträgen über „Die Bedeutung des Konvertierens im Buddhismus" mittels der Vorstellung von Konvertieren den Weg für jene radikale Zurückführung des Stromeintritts und der Entstehung des Erleuchtungsstrebens – und sogar der Umwälzung im tiefsten Sitz des Bewusstseins – auf Zufluchtnahme, die mein späteres buddhistisches Denken charakterisierte und eines der Grundprinzipien des WBO und der FWBO bildete.

17. Gründung des Westlichen Buddhistischen Ordens

Im vorletzten Kapitel schilderte ich, wie ich gegen Ende meiner ersten beiden Jahre in England zum Schluss kam, dass eine neue buddhistische Bewegung in Großbritannien dringend nötig sei. Nach meinem Abschiedsbesuch in Indien und meiner endgültigen Rückkehr nach England im März 1967 (diesmal nicht auf Einladung des *English Sangha Trust*) ging ich deshalb daran, jene neue buddhistische Bewegung zu schaffen und gründete nach einem Jahr vorbereitender Arbeit den Westlichen Buddhistischen Orden, der in den Eingangsworten dieses Textes

> am Sonntag, dem 7. April 1968, entstand, als neun Männer und drei Frauen sich im Rahmen einer Feier im *Centre House*, London, zum Pfad des Buddha verpflichteten, indem sie öffentlich in der überlieferten Weise die Drei Zufluchten und Zehn Vorsätze von mir „nahmen".

Damit haben wir sozusagen unseren Ausgangspunkt wieder erreicht, jenen Punkt, an dem in zwölf Menschen das Verständnis dessen, was „Zufluchtnehmen" bedeutet, zumindest in gewissem Ausmaß mit dem Verständnis übereinstimmte, zu dem ich selbst nach Durchlaufen der in dieser Geschichte meiner Zufluchtnahme bisher beschriebenen Abschnitte gelangt war.

Warum aber nahm meine – nahm *unsere* – neue buddhistische Bewegung genau diese Gestalt an? Warum gründete ich einen *Orden* statt eine der eher üblichen Gesellschaften mit ihren gewöhnlichen Mitgliedern, Jahresbeiträgen, demokratisch gewählten Funktionsträgern und dergleichen mehr? Um diese Frage zu beantworten, werde ich ein wenig zurückgehen müssen.

Während meines langen Aufenthalts in Indien hatte ich bemerkt, dass die dortige buddhistische Bewegung, organisatorisch gesehen, großenteils aus verschiedenen buddhistischen Gesellschaften bestand, die aber ihrem Namen nicht immer zur Ehre gereichten. Als ich das genauer betrachtete, entdeckte ich, dass es weniger an gewöhnlichen menschlichen Schwächen lag als an der Tatsache, dass einige der Funktionsträger sowie andere einflussreiche Mitglieder der fraglichen Gesellschaften nicht einmal nominell Buddhisten waren, sondern ihrer jeweiligen Organisation aus Gründen beigetreten waren, die nur wenig oder nichts mit Buddhismus zu tun hatten.[120] Das hieß nicht, dass sie zwangsläufig schlechte Leute waren; manche von ihnen waren sehr gute Menschen. Die Tatsache aber, dass sie nicht entschiedene Buddhisten waren und sich nicht ernsthaft bemühten, den Dharma zu verstehen und zu üben, bedeutete, dass die buddhistischen Gesellschaften, denen sie angehörten, nicht mit jener Kraft und Begeisterung geführt werden konnten, durch die sie ihren Namen erst verdient hätten. Der Hauptgrund für diesen unbefriedigenden Zustand war, dass die Mitgliedschaft in diesen Gesellschaften, wie auch in anderen, ähnlich verfassten, allen offen stand, die bereit waren, ein Formular auszufüllen und den Mitgliedsbeitrag zu zahlen. Während meines langen Aufenthalts in Indien kam ich deshalb zu der Überzeugung, dass eine buddhistische Bewegung, organisatorisch gesehen, nicht wirklich aus einer Gesellschaft

---

120 *A. d. Hrsg.*: Ein treffendes Beispiel war das Leitungsgremium der *Maha Bodhi Society*, das von Kasten-Hindus beherrscht wurde. Siehe *Beating the Drum*, a. a. O., S. 61-65 (*CW* 8).

oder Gesellschaften (schon der Ausdruck „buddhistische Gesellschaft" war eigentlich widersprüchlich) bestehen konnte, sondern grundsätzlich aus einer Gruppe oder Gruppen verbindlich entschiedener Buddhisten bestehen musste, und meine jüngsten Erfahrungen in England hatten mich davon noch stärker überzeugt als zuvor. Darum war es ein Orden im Sinne eines Sangha oder einer spirituellen Gemeinschaft, den ich am Sonntag, dem 7. April 1968, gründete.

Wie es für jene, die anwesend waren, offenkundig sein musste, mochten sie auch damals die Tragweite dieser Tatsache noch nicht erkennen, war dieser unser Orden – der Westliche Buddhistische Orden – etwas, was ich später als einen „vereinten Orden" bezeichnen sollte.[121] Er war ein vereinter Orden, insofern er gleichermaßen aus Männern und aus Frauen bestand, die zu denselben Drei Juwelen Zuflucht nahmen, dieselben zehn Vorsätze beachteten, dieselben Meditationen und sonstigen spirituellen Übungen ausführten und, sofern sie dazu geeignet waren, dieselben administrativen und „geistlichen" Funk-

---

121 *A. d. Hrsg.*: Damit ist eins der sechs besonderen Merkmale der Buddhistischen Gemeinschaft Triratna angesprochen, die Sangharakshita zwischen 2002 und 2008 in einigen Vorträgen darlegte. Die sechs Merkmale sind: (1) Zufluchtnehmen ist die zentrale Handlung im buddhistischen Leben. (2) Triratna ist ein vereinter Orden, offen für alle Menschen ohne Ansehen von Rasse, sexueller Orientierung, Kastenzugehörigkeit, Nationalität und so weiter. (3) Triratna ist ökumenisch und schöpft aus der gesamten buddhistischen Überlieferung. (4) Die Übung spiritueller Freundschaft gilt als wesentlich im spirituellen Leben. (5) Zum rechten Lebenserwerb auf Teambasis wird angeregt und er wird als ein Mittel zu persönlichem und gesellschaftlichem Wandel unterstützt. (6) Kunst und Kultur können einen wichtigen Teil im spirituellen Leben ausmachen.

tionen ausübten. Der Westliche Buddhistische Orden war auch dahingehend ein vereinter Orden, als er Menschen mit unterschiedlichen Lebensstilen und unterschiedlichen Graden der Entschiedenheit zu den Drei Juwelen einschloss. Als vereinter Orden und vor allem, weil er aus Männern und Frauen bestand, stand der Westliche Buddhistische Orden für eine Art Bruch mit der östlichen Tradition, zumindest in dem Sinne, wie sie in manchen Teilen der buddhistischen Welt verstanden wurde.[122] In allen weiteren Hinsichten aber war er in seiner Struktur durchaus traditionell, worauf ich auch am Ende des ersten meiner Vorträge an diesem historischen Tag, also im Vortrag über „Die Idee des Westlichen Buddhistischen Ordens und die Upāsaka-Ordination" eigens hinwies, als ich nach einer Zusammenfassung der Geschichte des Buddhismus in Großbritannien und nach Erläuterung der Bedeutung der Zufluchtnahme die vier Grade der Ordination behandelte, die es im Westlichen Buddhisten Orden geben würde.

Diese vier Ordinationsgrade, die vier Stufen wachsender Verpflichtung auf die Drei Juwelen entsprachen, waren (1) *upāsaka/upāsikā*, Laienbruder bzw. Laienschwester, (2) *mahā-upāsaka/-upāsikā*, Erfahrene/r Laienbruder bzw. Laienschwester, (3) (angehender) *bodhisattva*, (4) *bhikṣu* oder Mönch. Weil die zwölf an diesem Abend zu ordinierenden Menschen die

---

122 *A. d. Hrsg.*: Die Ordination von Nonnen (*bhikkhunī*-Ordination) war in den südostasiatischen Überlieferungen wie Theravāda schon vor Jahrhunderten ausgestorben, und nur Männer konnten die volle Ordination erhalten. Wie Sangharakshita in *Die Drei Juwelen* anmerkt (a. a. O., S. 252), erhielten Frauen, die wie Nonnen zu leben versuchten, weil sie nicht formell *bhikkhunīs* waren, meist nur wenig Unterstützung von Laien, die es im Glauben, dadurch größere Verdienste zu erwerben, vorzogen, voll ordinierte Mönche zu unterstützen.

upāsaka/upāsikā-Ordination erhalten sollten, hatte ich natur-
gemäß mehr über diese Ordinationsstufe zu sagen als über
die anderen drei, die ohnehin schon bald außer Gebrauch kamen. Ein *upāsaka* (oder *upāsikā*) war jemand, der bzw. die
upāsana oder religiöse Übung ausführte; wörtlich jemand, der
oder die „nahe saß", und zwar nahe bei einem Lehrer, also
Schüler oder Schülerin war. Es handelte sich somit nicht um
„Laien-Buddhisten" im Sinne bloß nomineller Anhänger der
Lehre des Buddha. Obwohl sie weiterhin ein weltliches Leben führten, bemühten sie sich doch zugleich, sich mithilfe
der zehn Gelübde – drei Gelübde für den Körper, vier für die
Rede und drei für den Geist – zu läutern. Diese Gelübde waren: (1-3) Sich davon zu enthalten, Leben zu nehmen, Nicht-
Gegebenes zu nehmen und sich sexuell falsch zu verhalten
– damit wurde der Körper geläutert; (4-7) sich davon zu enthalten, unwahr, grob, leichtfertig oder verleumderisch zu sprechen – damit wurde die Rede geläutert; und (8-10) sich der
Begierde, des Hasses und falscher Ansichten zu enthalten und
so den Geist zu läutern. Die *Upāsaka*-Ordination bestand im
Wesen darin, diese zehn Gelübde im Anschluss an die Drei
Zuflüchten oder, wie ich sie vorher im Vortrag genannt hatte, die drei Verpflichtungen abzulegen. Von *upāsaka/upāsikā*-
Angehörigen des Westlichen Buddhistischen Ordens durfte
man auch erwarten, dass sie sich vegetarisch ernährten (oder
sich wenigstens darum bemühten), dass sie rechten Lebenserwerb (den fünften Bestandteil des Edlen Achtfältigen Pfades
des Buddha) übten, ein schlichtes Leben führten, täglich meditierten, allwöchentlich an einer Schulungsveranstaltung und
alljährlich an einer Meditationsklausur teilnahmen. Auf einer
eher „weltlichen" Ebene wurde von ihnen erwartet, dass sie

der neuen buddhistischen Bewegung, deren Herz und Zentrum nunmehr der Westliche Buddhistische Orden war, jegliche praktische – ob finanzielle oder andere – Unterstützung geben würden, die sie geben konnten. Diese zusätzlichen Ansprüche waren nicht in irgendwelche Regeln gefasst, sondern ins Ermessen der einzelnen *upāsaka/upāsikās* gestellt.

Nachdem ich so die *upāsaka/upāsikā*-Ordination besprochen hatte, betonte ich, dass sie für einen klar bestimmten Grad entschiedener Verpflichtung stand. Obwohl der *upāsaka*-Grad in gewissem Sinne der geringste unter den vier Ordinationsgraden des Ordens war, war er in einem anderen Sinn doch der wichtigste, denn er bildete die Grundlage, auf der das ganze Gebäude aufruhte – eine Einsicht, die vielleicht schon auf den nachmaligen Einschluss des zweiten, dritten und vierten Ordinationsgrades im ersten sowie deren Umbenennung in die *dharmacārī/dharmacārinī*-Ordination vorausdeutete. Ob es nun eine solche Andeutung war oder nicht, im Folgenden wandte ich mich den verbleibenden Ordinationsgraden zu.

Die *mahā-upāsakas/upāsikās*, die erfahreneren (wörtlich „großen") Laienbrüder und -schwestern waren schon einige Jahre lang *upāsaka/upāsikā*. Sie hatten ein gewisses Verständnis und einige Erfahrung des Dharma und konnten mit Vorträgen und der Leitung von Lehrveranstaltungen aushelfen. Sie waren aber weiterhin in dem Sinne Haushälter, als sie eine Familie und Vollzeitarbeit hatten. *Bodhisattva* im Vollsinne der Überlieferung war jemand, der oder die das Erlangen von Erleuchtung zum Wohl aller empfindungsfähigen Wesen anstrebte. Diese Menschen legten das Bodhisattva-Gelübde ab, was im Mahāyāna mit einer eigenen Ordination einherging. Im Rahmen des Westlichen Buddhistischen Ordens waren Bodhisattvas jene, die Anzeichen herausragender spiritueller Gaben zeigten und nur formal gesehen Laien waren. Sie mochten zwar einer Teilzeitarbeit nachgehen, würden aber „geistliche" Aufgaben übernehmen. *Bhikṣus* oder Mönche waren (zölibatäre) Vollzeit-Übende. Sie widmeten sich der Lehre des Dharma, dem Studium und schriftstellerischer Arbeit oder auch Meditation beziehungsweise einer Verbindung mehrerer dieser Tätigkeiten. Ihr materieller Bedarf würde von anderen Ordensangehörigen und der allgemeinen – sprich, der allgemeinen buddhistischen – Öffentlichkeit beigetragen. (Ich sprach nur über den *bhikṣu* oder Mönch und nicht auch über die *bhikṣunī* oder Nonne, weil man damals in der buddhistischen Welt weithin annahm, dass die Überlieferung der *bhikṣunī*-Ordination vor Jahrhunderten ausgestorben war und nicht erneuert werden könnte.[123] Mit der Rücknahme der drei höheren Ordinationsgrade in den ersten und mit dem Aufkommen von *anagārikas* oder – zölibatär lebenden – „Hauslosen"[124] beiderlei Geschlechts im Westlichen Buddhistischen Orden erledigte sich dieses Problem für unsere neue buddhistische Bewegung, sofern es überhaupt je ein Problem gewesen war.)

Zwar war der Großteil meines Vortrags der Erläuterung der Zufluchtnahme und der vier Ordinationsgrade gewidmet, doch ich streifte auch einige andere Themen. Abgesehen von allgemeineren Fragen wie der Verbindung zwischen Westlichem Buddhismus und Ereignissen während jener Zeit, die meine Zuhörerschaft und ich damals durchlebten, ging es um

---

123 Siehe vorherige Anmerkung.

124 *A. d. Hrsg.*: Über *anagārikas* und *anagārikās* im Triratna-Orden siehe Sangharakshita, *Forty-Three Years Ago.* Birmingham: Windhorse Publications 1993, Abschnitt VIII (*CW* 2, S. 604-609).

den Unterschied zwischen akademischen Buddhismus-Studien und tatsächlicher Verpflichtung zu den Drei Juwelen, die Bedeutung spiritueller Gefährtenschaft und Gemeinschaft, das Unvermögen buddhistischer Gesellschaften, den wachsenden Bedürfnissen westlicher Buddhisten gerecht zu werden, sowie die Überlegungen, die zur Gründung des Westlichen Buddhistischen Ordens geführt hatten. Wie ich darlegte, war er gegründet worden, um es Menschen zu ermöglichen, sich entschiedener und umfassender auf die buddhistische Lebensweise zu verpflichten und um Gelegenheiten für spirituelle Gefährtenschaft und eine „organisatorische" Grundlage für die Verbreitung des Buddhismus im Vereinigten Königreich zu bieten. Bevor ich die Struktur des Westlichen Buddhistischen Ordens beschrieb, wies ich auf verschiedene Sichtweisen hinsichtlich des Themas Sangha oder spirituelle Gemeinschaft hin. Es gab, so sagte ich, zwei extreme Ansichten. Der einen zufolge bestand der Sangha ausschließlich aus Mönchen; alle anderen waren nicht wirklich Buddhisten, sondern hatten nur die Pflicht, die Mönche zu unterstützen. Aus dieser Sicht war Buddhismus eigentlich eine rein klösterliche Religion, und eine „buddhistische Laienschaft" ein Selbstwiderspruch. Der anderen Ansicht zufolge bestand der Sangha aus der gesamten Bevölkerung eines buddhistischen Landes. Diebe, Prostituierte, Trinker und Polizisten – sie alle waren Buddhisten. Sie waren „gebürtige Buddhisten", und nach meiner Erfahrung wussten „gebürtige Buddhisten" praktisch nichts über Buddhismus. Dies also waren die beiden extremen Ansichten, die eine zu eng, die andere zu weit. Was den Westlichen Buddhistischen Orden anging, sollte er einem mittleren Weg zwischen ihnen folgen, wie ich an seiner Struktur deutlich zeigen werde. Nachdem ich diese

Struktur beschrieben und einige Worte über die „Freunde des Westlichen Buddhistischen Ordens" gesagt hatte, schloss ich den Vortrag mit der Aussage, ich hätte die Idee des Westlichen Buddhistischen Ordens und der *upāsaka*-Ordination aufgrund ihrer außerordentlichen Wichtigkeit ziemlich eingehend erläutert und weil es sich hier um den vermutlich größten Schritt handle, den der britische Buddhismus bislang getan habe.

Im zweiten meiner beiden Vorträge dieses Tages, „Das Bodhisattva-Gelübde", sprach ich über das Bodhisattva-Ideal und vor allem über das Bodhisattva-Gelübde selbst als Veranschaulichung des Weges, auf dem wir uns über die Gegensatzpaare erheben. Dabei legte ich auf einfache Weise die Entstehung des Erleuchtungsstrebens, die Siebenfältige Puja, die vier großen Gelübde und die sechs *pāramitās* dar.[125] Insofern war der zweite Vortrag weniger eng mit der eigentlichen Ordinationszeremonie verknüpft als der erste. An seinem Ende sagte ich aber einige Worte zur Bodhisattva-Ordination, die natürlich der dritte Ordinationsgrad im Westlichen Buddhistischen Orden war. Ich erwähnte auch die Tatsache, dass ich die Bodhisattva-Ordination selbst von Dhardo Rimpoche empfangen hatte, den ich als jemanden beschrieb, der das Bodhisattva-Ideal vielleicht in größerem Ausmaß als alle anderen mir bekannten Menschen verkörperte. Es sei meine Hoffnung, so schloss ich, dass im Laufe der Zeit einige Menschen in Britannien bereit sein würden, die Bodhisattva-Ordination anzunehmen, was auch anzeigen würde, dass unser Westlicher Buddhistischer Orden gut in Gang gekommen sei. Indes sollten

---

125 *A. d. Hrsg.*: Ausführlich werden diese Themen in *Das Bodhisattva-Ideal,* http://www.triratna-buddhismus.de/fileadmin/user_upload/Kursmaterialien/2017/Bodhisattva_Ideal.pdf besprochen (Geprüft am 26. März 2019).

alle Anwesenden, ob sie die Bodhisattva-Ordination empfingen oder nicht, sich bemühen, den Bodhisattva-Geist und das Echo des Bodhisattva-Gelübdes ganz ins Herz aufzunehmen.

Abgesehen von der Tatsache, dass die Bodhisattva-Ordination ein Strukturelement des Westlichen Buddhistischen Ordens bildete, war meiner Erinnerung nach der Hauptgrund, das Bodhisattva-Gelübde an diesem Tag anzusprechen, der, dass ich den altruistischen und auf das Wohl anderer gerichteten Aspekt des Buddhismus und des spirituellen Lebens betonen wollte. Zwar hatte ich die Entstehung des Erleuchtungsstrebens noch nicht ausdrücklich als altruistische Dimension der Zufluchtnahme identifiziert, doch ich war mir wohl bewusst, dass die Handlung des Zufluchtnehmens und damit verbunden die *upāsaka-/upāsikā*-Ordination in der individualistischen und selbstbezogenen Atmosphäre des britischen Buddhismus wahrscheinlich so verstanden wurden, als seien sie nur für die unmittelbar betroffene Person bedeutsam, und dass es darum nötig war, ein „Mahāyāna"-Element in das Geschehen einzuführen. Obwohl ich noch keine direkte Verbindung zwischen der Entstehung des Erleuchtungsstrebens und der Zufluchtnahme hergestellt hatte, schien es doch so, als hätte ich wenigstens den Wunsch, das Bodhisattva-Ideal möge „in unserem Dunstkreis" und bereit sein, ins Geschehen zu treten, sobald die Umstände es zuließen.

Die Gründung des Westlichen Buddhistischen Ordens war nicht nur ein wichtiger Abschnitt in jenem Prozess, durch den mir Wert und Wichtigkeit der Zufluchtnahme klar wurden. Sie markierte auch den Beginn einer neuen Phase dieses Prozesses. Obwohl ich erkannt hatte, dass Zufluchtnahme die zentrale Handlung des buddhistischen Lebens war und bedeutete, das eigene Dasein um die Drei Juwelen herum zu ordnen, hatte diese Erkenntnis bisher nur in meinem persönlichen Leben und meinen Schriften und Vorträgen Ausdruck gefunden, und auch das nur in sehr beschränktem Ausmaß. Jetzt aber war die Lage völlig verändert. Die zwölf Menschen, die den Westlichen Buddhistischen Orden bildeten, hatten die Drei Zufluchten und Zehn Vorsätze von mir „empfangen" – sie waren von mir als *upāsakas* und *upāsikās* ordiniert worden – und ihr Verständnis der Bedeutung der Zufluchtnahme stimmte mit meinem mindestens teilweise überein. So wie eine Leuchte ein Dutzend anderer Leuchten entzündet, so hatte ich meine Erkenntnis der absoluten Zentralität der Handlung des Zufluchtnehmens mit ihnen teilen können, und nunmehr würde diese Erkenntnis nicht nur in meinem Leben, sondern auch in ihrem Ausdruck finden. Natürlich war die hier gemeinte Erkenntnis nichts Fixiertes und Endgültiges. Sie konnte weiterhin wachsen und sich entfalten und in hunderterlei, noch ganz unausdenklichen Weisen Ausdruck finden. Leider fanden einige Gründungsmitglieder des Westlichen Buddhistischen Ordens es schwierig, diese Tatsache wahrzunehmen oder auch ihre ursprüngliche Entschiedenheit aufrechtzuerhalten und schieden über kurz oder lang entweder aus dem Orden aus oder zogen sich aus der aktiven Mitwirkung an seinen Angelegenheiten zurück. Doch schon bald wurden ihre Plätze besetzt und mehr als besetzt und ich hatte die Freude, zunächst Zig, dann Hunderte von Leuchten zu entzünden, und die noch größere Befriedigung, sie zusammen mit jenen Leuchten, die schon von Anfang an hell strahlten, heller und heller werden zu sehen, so wie auch meine eigene Leuchte heller wurde. Anders gesagt: Ich erkannte mit Befriedigung, dass ich mit der Gründung des Westlichen Buddhistischen Ordens einen Sangha oder eine spirituelle Gemeinschaft gegründet hatte, der beziehungsweise die nicht nur meine Erkenntnis teilte, dass Zufluchtnehmen die zentrale und maßgebende Handlung des buddhistischen Lebens ist, sondern auch, zumindest in Gestalt einiger Mitglieder, meine Überzeugung teilte, dass diese Erkenntnis stets weiter wachsen und sich entwickeln kann.

Mit der Gründung des Westlichen Buddhistischen Ordens wurde somit mein eigenes Zufluchtnehmen mit dem Zufluchtnehmen einiger anderer Menschen verknüpft, und deshalb wird meine *Geschichte* von diesem Zeitpunkt an Gebiete abdecken, mit denen viele Ordensangehörige schon vertraut sind. Darum werde ich in den folgenden Abschnitten stärker auswählen und mich kürzer fassen.

18. DER GRÖSSERE KONTEXT

Zufluchtnehmen ist eine individuelle Handlung, sprich: die Handlung eines Individuums. Es ist aber nicht nur die Handlung des Individuums, sondern zugleich eine, die von mehreren Menschen ausgeführt werden kann, und diese Menschen können dasselbe (individuelle) Verständnis ihrer Bedeutung haben, dieselbe (individuelle) Erkenntnis ihrer Wichtigkeit, und in diesem Fall bilden sie miteinander einen Sangha oder eine spirituelle Gemeinschaft wie es der Westliche Buddhistische Orden ist. Wo es einen Sangha oder eine spirituelle Gemeinschaft gibt, da ist das individuelle Zufluchtnehmen eine Handlung unter mehreren solchen Handlungen, die sich allesamt in einem gemeinsamen Rahmen ereignen – einem Rahmen, zu dem das Zuflucht nehmende Individuum selbst als Teil gehört. Obwohl also die Handlung des Zufluchtnehmens eine individuelle Handlung ist, ist sie zugleich eine Handlung, die sich in einem größeren Kontext ereignet, sprich, einem Kontext, der weiter reicht als das persönliche Leben der Einzelnen. Tatsächlich bezieht die Handlung des Zufluchtnehmens erst aus diesem größeren Kontext einen Teil ihrer Bedeutsamkeit oder, wie man auch sagen könnte: Weil sie sich in diesem größeren Kontext ereignet, kann das persönliche Zufluchtnehmen sich selbst vollständiger manifestieren. Ungefähr zur Zeit, als ich den WBO und die FWBO gründete, begann ich, ernsthafter über das Wesen dieses größeren Kontextes nachzusinnen. Obwohl mein Denken nicht sehr systematisch war, erkannte ich schon bald, dass das Zufluchtnehmen sich in Wirklichkeit innerhalb eines dreifachen Kontextes oder eigentlich innerhalb dreier, recht verschiedener Kontexte vollzog, die wechselseitig miteinander verbunden waren. Man kann diese drei Kontexte, allerdings nur vorläufig, als den sozialen oder gemeinschaftlichen, den höher-evolutionären und den kosmischen Kontext bezeichnen.

Der soziale oder gemeinschaftliche Kontext der Zuflucht-nahme ist natürlich, wie schon angedeutet, der Sangha oder die spirituelle Gemeinschaft. Zwischen einer spirituellen Gemeinschaft und dem, was ich „Gruppe" nenne, gibt es einen himmelweiten Unterschied. Während eine Gruppe aus „Gruppen-Mitgliedern" oder jenen besteht, die sich nur in einem ganz rudimentären Sinne ihrer selbst bewusst (oder selbst-gewahr) und die in ihren Einstellungen und Verhaltensweisen vollständig von denen ihrer Gruppe bestimmt werden, besteht eine spirituelle Gemeinschaft aus (echten) Individuen oder jenen, die bewusst, unabhängig, sensibel, emotional positiv, verantwortlich und schöpferisch sind.[126] Leider hat die englische Sprache kein passendes Wort für Individuen dieser Art und darum auch kein passendes Wort für die Art von „Gruppe", zu der sie „gehören", weshalb es außerordentlich schwierig ist, das Wesen des Unterschieds zwischen einer Gruppe und einer spirituellen Gemeinschaft zu erklären, und deshalb auch äußerst schwierig, das Wesen der spirituellen Gemeinschaft selbst zu erklären.

Es ist auch äußerst schwierig, die Art des Bewusstseins oder Gewahrseins zu erklären, das die spirituelle Gemeinschaft als solche kennzeichnet. Dieses Bewusstsein ist nicht die Summe der betreffenden Einzel-Bewusstseine und auch keine Art von kollektivem Bewusstsein, sondern ein Bewusstsein gänz-

---

126 *A. d. Hrsg.*: Gruppe, Individuum und spirituelle Gemeinschaft sind die Themen mehrerer Vorträge von Sangharakshita (*CW* 12) sowie der Teile 1 und 2 von *What is the Sangha?* (*CW* 3).

lich anderer Stufe, für das wir in unserer Sprache kein Wort haben, von dem uns aber das russische Wort *sobornost* vielleicht eine Ahnung geben kann. Im Abschnitt der Geschichte meiner Zufluchtnahme, um den es mir hier geht, begann ich, über diese „dritte" Bewusstseinsstufe als transzendentes *bodhicitta* oder Erleuchtungsstreben nachzudenken. Ich verstand das *bodhicitta* als etwas, das innerhalb des Sangha oder der spirituellen Gemeinschaft als Ganzes entstand, statt sozusagen der persönliche Besitz eines Individuums zu sein. Ebenso begann ich, den Sangha oder die spirituelle Gemeinschaft als Widerspiegelung der idealen Gestalt des Bodhisattva oder als „personifizierten" Bodhisattva zu sehen. Im Jahr 1973, um die Zeit meines „Sabbaticals"[127], war ich an dem Punkt, unsere neue buddhistische Bewegung und besonders den Westlichen Buddhistischen Orden als schwache Spiegelung des Bodhisattva Avalokiteśvara, des Bodhisattvas des Mitgefühls in seiner elfköpfigen und tausendarmigen Gestalt zu sehen. Jedes Mitglied des Ordens war in Wirklichkeit ein Arm (oder eine Hand) von Avalokiteśvara, denn alle Ordensangehörigen nahmen Zuflucht, und das *bodhicitta* – dessen verschiedene segensreiche Aktivitäten jene Arme veranschaulichten – war die altruistische Dimension des Zufluchtnehmens. So vollzog

---

127 *A. d. Hrsg.*: Im Jahr 1973, sechs Jahre nach Gründung der FWBO, zog Sangharakshita sich für ein halbes Jahr nach Cornwall zurück. Das erlaubte ihm nicht nur, den ersten Band seiner Erinnerungen abzuschließen, die er mehr als fünfzehn Jahre zuvor in Indien begonnen und nur bis zum 32. Kapitel gebracht hatte; es bot auch dem jungen Orden eine Gelegenheit, ohne ihn zurechtzukommen, Lehrveranstaltungen zu organisieren und durchzuführen und so weiter. Das *Sabbatical* wurde zu einem Meilenstein des Wachstums des Westlichen Buddhistischen Ordens.

sich die Handlung des Zufluchtnehmens im größeren Kontext des Sangha oder der spirituellen Gemeinschaft nach derselben Weise, wie jeder Arm Avalokiteśvaras ein Teil seines Körpers war, das heißt als Widerspiegelung – und in gewissem Sinne sogar Verkörperung – des Bodhisattvas, oder im größeren Kontext des Bewusstseins „dritter Art". Streng genommen hätte ich diese „dritte" Bewusstseinsstufe weniger als transzendentes *bodhicitta* und eher als transzendentes Zufluchtnehmen denken sollen, so wie ich auch den Sangha oder die spirituelle Gemeinschaft weniger als Widerspiegelung des „personifizierten" *bodhicitta* denn als „personifiziertes" Zufluchtnehmen hätte auffassen sollen; weil aber die buddhistische Überlieferung das Zufluchtnehmen nicht in einer idealen Gestalt „personifiziert" und diese Gestalt ähnlich mit Mythos und Symbolik ausgestattet hatte, wie es mit dem *bodhicitta* geschehen war, konnte auch ich das nicht tun – und genau genommen war es auch nicht nötig. Insoweit das *bodhicitta* die altruistische Dimension des Zufluchtnehmens war, konnte alles, was man zum *bodhicitta* sagte – *mutatis mutandis* – auch über Zufluchtnehmen gesagt werden.

Versteht man den Buddhismus als den höher-evolutionären Kontext des Zufluchtnehmens, dann entspricht beziehungsweise überlappt er mit den höheren Abschnitten des ganzen Evolutionsgeschehens. Ende 1969 hielt ich eine Reihe von acht Vorträgen mit dem Titel „Die Höhere Evolution des Menschen" (*The Higher Evolution of Man*).[128] In diesen Vorträgen, die teilweise auf Vorträgen basierten, die ich drei Jahre

---

128 Siehe *CW* 12. – *A. d. Hrsg.*: Interessanterweise hatte Sangharakshita schon viele Jahre zuvor angefangen, in evolutionstheoretischen Begriffen zu denken. Siehe „A Modern View of Buddhism", ein 1958 publizierter Artikel auf der Grundlage

früher gehalten hatte, teilte ich den Evolutionsprozess in zwei Hauptabschnitte, die ich als „Niedere Evolution" und als „Höhere Evolution" bezeichnete. Menschen, verstanden als sich selbst bewusste oder selbst-gewahre menschliche Wesen, besetzten einen mittleren Punkt zwischen den beiden Abschnitten. Die Niedere Evolution stand für das, woraus sie sich entwickelt hatten, die Höhere Evolution für das, wo hinein sie sich entwickeln konnten. Die Niedere Evolution umfasste den Entwicklungsprozess von den Amöben bis hin zu den Menschen und wurde von den Naturwissenschaften, zumal der Biologie, erfasst; die Höhere Evolution war der Entwicklungsprozess vom Menschen bis zum Buddha und wurde von der Psychologie, den schönen Künsten und Religion abgedeckt. Die Niedere Evolution vollzog sich kollektiv, die Höhere Evolution individuell. Als eine universale Religion, das heißt, eine Religion, die sich an Individuen richtete und eher individuelle als kollektive Werte bekräftigte, gehörte Buddhismus zur Höheren Evolution. Im fünften Vortrag dieser Reihe sprach ich tatsächlich über Buddhismus als Pfad der Höheren Evolution, das heißt: Ich beschrieb ihn als eine Fortsetzung des Evolutionsgeschehens selber auf zunehmend höheren Ebenen. Buddhismus war der in der Person des Individuums sich selbst bewusst oder selbst-gewahr gewordene Evolutionsprozess. Das entsprach zwar nicht der Art und Weise, wie wir üblicherweise über Buddhismus dachten, es war aber das, was Buddhismus in seinem Wesen war. Im Buddhismus gab es viele Lehren und Übungen, viele moralische Regeln und andächtige Handlungen, doch sie alle waren zweitrangig. Sogar Meditation war

---

eines 1946 in Singapur gegebenen Vortrags. In: *Early Writings 1944-1954.* Ledbury: Ibis Publications 2013, S. 132 (*CW* 7).

zweitrangig. Wichtig war für den Buddhismus nur, dass Menschen wachsen und gedeihen – dass sie sich höher entwickeln würden. Buddhismus war keine Sache des Denkens und Erkennens und auch nicht des Tuns, sondern des Seins und Werdens. In anderen Worten: Im Buddhismus ging es darum, dem Pfad der Höheren Evolution zu folgen.

Ich war darauf bedacht aufzuzeigen, dass eine solche Betrachtungsweise des Buddhismus sich ganz im Einklang mit der Lehre des Buddha selbst befand, und in diesem Zusammenhang verwies ich auf die Mahāprajāpatī-Episode (Dharma ist, was immer spirituelles Wachsen und Gedeihen fördert)[129], auf das Bild der Lotosblüten in unterschiedlichen Stadien der Blüte sowie das Gleichnis von den Kräutern, das auch als Gleichnis von der Regenwolke bekannt ist.[130] Angesichts einer sol-

---

129 *A. d. Hrsg.*: Mahāprajāpatī war die Tante und Pflegemutter des Buddha, auf deren Bitten er den Orden der *bhikṣuṇīs* gründete. Einst bat sie ihn klarzustellen, was genau der von ihm gelehrte Dharma sei. Er erwiderte, Dharma sei, was immer zu Leidenschaftslosigkeit, Loslösung, Genügsamkeit und so weiter führe. Siehe *Cullavagga* 10.5 (Vinaya Piṭaka ii.258-9) sowie *Aṅguttara-Nikāya* iv.280-1 (VII.53). Vgl. Nyanatilokas Übersetzung in: *Die Lehrreden des Buddha aus der Angereihten Sammlung. Aṅguttara Nikāya*. Braunschweig: Aurum Verlag 1993, IV. Band, S. 152 f.

130 *A. d. Hrsg.*: Das Bild – oder die Vision – der Lotosblumen in unterschiedlichen Stadien der Blüte kam dem Buddha gleich nach seiner Erleuchtung. Siehe beispielsweise den Bericht im *Ariyapariyesanā-Sutta* des Majjhima Nikāya (M 26; M i.167), in der deutschen Übersetzung von Kay Zumwinkel abrufbar unter http://www.palikanon.com/majjhima/zumwinkel/m026z. html. – Das Gleichnis von den Kräutern (auch als Gleichnis von der Regenwolke bekannt) stammt aus dem 5. Kapitel des *Saddharma-Puṇḍarīka*, „Sūtra von der Lotosblume des wunderbaren Gesetzes", in: Margareta von Borsig (Übersetzerin und

chen Betonung von Wachstum und Entwicklung überraschte es nicht, dass das Bild des Pfades ganz im Mittelpunkt der Lehren des Buddha stand oder dass Buddhismus selbst ein Pfad war – der Pfad zur Erleuchtung oder Nirvāṇa. Es gab viele verschiedene Formulierungen dieses Pfades, doch jene, die am klarsten verdeutlichte, dass Buddhismus wesentlich ein Pfad und dieser der Pfad der Höheren Evolution war, war jene der zwölf positiven *nidānas*, und in diesem Vortrag wollte ich mich mit dieser besonderen Formulierung des Pfades befassen. Darum bestand sein letztes Drittel in einer detaillierten Erörterung der zwölf positiven *nidānas* oder Bindeglieder von Leiden/Vertrauen bis hin zu Freiheit/Wissen um die Vernichtung der āśravas.[131]

Der Grund, warum diese besondere Formulierung die Tatsache so klar herauszustellen vermag, dass Buddhismus wesentlich ein Pfad und dass dieser Pfad der Pfad der Höheren Evolution ist, liegt darin, dass sie aus einer fortschreitenden Reihe geistiger und spiritueller Zustände oder Erfahrungen besteht – einer Reihe, in der jeder Zustand beziehungsweise jede Erfahrung abhängig von der jeweils unmittelbar vorangehenden entsteht. Da die Höhere Evolution in der Entwicklung zunehmend höherer Bewusstseinsverfassungen besteht, so wie die Niedere Evolution in der Entwicklung zunehmend komplexer materieller Formen besteht, gibt es offensichtlich eine Entsprechung zwischen den zwölf positiven *nidānas* und dem Geschehen der Höheren Evolution. Es ist sogar offensichtlich,

---

Hrsg.), *Lotos-Sūtra. Sūtra von der Lotosblume des wunderbaren Gesetzes*. Gerlingen: Verlag Lambert Schneider 1992, S. 143 f.

131 *A. d. Hrsg.*: Zu den zwölf positiven *nidānas* siehe auch ausführlich Sangharakshita, *Die drei Juwelen. Ideale des Buddhismus*, a. a. O., S. 113-137.

dass die zwölf positiven *nidānas* und das Geschehen der Höheren Evolution im Prinzip genau zusammenfallen, so dass man, wenn man veranlasst, dass die von den *nidānas* angezeigten geistigen oder spirituellen Zustände in einem selbst entstehen – oder genauer: veranlasst das man selbst zu ihnen wird – zugleich am höher-evolutionären Geschehen teilnimmt. Die ersten beiden positiven *nidānas* sind Leiden (Pāli *dukkha*, Sanskrit *duḥkha*) und gläubiges Vertrauen (*saddhā*, *śraddhā*), denn in Abhängigkeit von Leiden entsteht gläubiges Vertrauen, und das ist – wie ich im Vortrag klarstellte – Vertrauen in die Drei Juwelen, welche die höchsten Werte der Existenz verkörpern. Es ist unsere *ganzheitliche* Antwort auf diese Werte und zeigt sich als wirkliche Verpflichtung auf sie, das heißt, es zeigt sich als Zufluchtnehmen. Somit ist die Handlung des Zufluchtnehmens identisch mit der Entstehung gläubigen Vertrauens in Abhängigkeit von Leiden, und das um so mehr, als man Zuflucht *fort von* Dingen nimmt, aufgrund deren schmerzhaft-unbefriedigender Natur man die Suche nach höheren Werten aufnimmt. Das bedeutet, dass sich die Handlung des Zufluchtnehmens im Kontext der von den zwölf positiven *nidānas* veranschaulichten Serie geistiger und spiritueller Zustände oder Erfahrungen ereignet und darum im größeren Kontext des höher-evolutionären Geschehens. Natürlich ist die Handlung des Zufluchtnehmens nicht auf das zweite positive *nidāna* beschränkt. Die Reihe der zwölf positiven *nidānas* ist nicht nur eine fortschreitende, sondern eine sich steigernde Serie, so dass die folgenden positiven *nidānas* in naher oder ferner Abhängigkeit von Vertrauen in die Drei Juwelen und darum der Handlung des Zufluchtnehmens entstehen.

So wie der soziale oder gemeinschaftliche Kontext der Zufluchtnahme mit dem *bodhicitta* und der höher-evolutionäre
Kontext mit dem Pfad verbunden sind, so ist das, was ich als
„kosmische" Zufluchtnahme bezeichnete, mit dem Bodhisattva-Ideal im weitesten Sinne verbunden. Ursprünglich gab es
nur einen Bodhisattva, den Buddha im vor der Erleuchtung
liegenden Abschnitt seiner Laufbahn, und dieser Abschnitt
umfasste zunächst die ersten fünfunddreißig Jahre seines Lebens und später die ganze Serie seiner früheren Existenzen,
wie sie in den *Jātakas* oder „Geburts-Geschichten" berichtet
wird. Als man später dazu gekommen war, das Bodhisattva-
Ideal als höchstes spirituelles Ideal aller Buddhisten und sogar
aller Menschen anzusehen, vervielfältigten sich die Bodhisattvas und man stellte sich ihre unermüdlichen Aktivitäten als
sich durch unendliche Zeit-Räume erstreckend vor, wie wir
schon in Kapitel 13 gesehen haben, als ich über die „Gelübde
des Bodhisattva Samantabhadra" (und *The Two Buddhist Books
in Mahāyāna*) sprach. Schließlich verstand man die Gestalt des
Bodhisattvas als vollkommen geschichts-transzendent und er,
sie oder es wurde(n) die „Personifikation(en)" eines kosmischen Prinzips. Dieses Prinzip nannte ich einige Jahre später
das „Bodhisattva-Prinzip" oder Prinzip steter Selbst-Transzen-
dierung[132], doch in diesem Abschnitt meiner *Geschichte* nannte ich es eher kosmisches *bodhicitta* oder kosmisches Erleuchtungsstreben, und so auch in meinem 1969 gehaltenen Vortrag

---

132 Siehe Sangharakshita, *Der Bodhisattva – Evolution und
     Selbsttranszendierung.* Übersetzung. von Ven. Advayavajra.
     Buddhistische Gemeinschaft Triratna, o. J. Abrufbar unter:
     http://www.triratna-buddhismus.de/fileadmin/user_upload/
     Texte/Sangharakshita_Der_Bodhisattva_Evolution_und_
     Selbsttranszendenz.pdf (Geprüft am 26. März 2019).

„Das Erwachen des Bodhi-Herzens" (*The Awakening of the Bodhi Heart*).[133] Die Spiegelung eben dieses kosmischen *bodhicitta* im psychischen Kontinuum des Individuums ist das *bodhicitta* in der eher üblichen Wortbedeutung. Weil nun letzteres *bodhicitta*, wie ich mehr als einmal angemerkt habe, die altruistische Dimension des Zufluchtnehmens ist, erscheint die Spiegelung des kosmischen *bodhicitta* auch als die Handlung des Zufluchtnehmens (die beiden Spiegelungen sind tatsächlich ein und dieselbe), so dass die individuelle Zufluchtnahme sich innerhalb des kosmischen *bodhicitta* und darum innerhalb des größeren Kontextes des Bodhisattva-Ideals im umfassendsten Sinne ereignet.

Wenn ich sage, die Handlung das Zufluchtnehmens ereigne sich in einem größeren Kontext, ob dem des Sangha oder der spirituellen Gemeinschaft, des Pfades oder des Bodhisattva-Ideals, dann will ich nicht nahelegen, dies sei so ähnlich wie ein Sprung vom Turm ins Tauchbecken. Zwischen der Handlung des Zufluchtnehmens und dem Kontext, in dem sie geschieht, gibt es eine organische Verbindung – eine Verbindung, die ich eingangs dieses Kapitels auszudrücken versuchte, als ich vom Zuflucht nehmenden Individuum als jemandem

---

133 *A. d. Hrsg.*: In diesem Vortrag sagt Sangharakshita: „Wir könnten uns das *bodhicitta* in der Tat – wenn wir hier auch eher nach Worten tasten müssen – als eine Art ‚kosmischen Willen' vorstellen (Ich benutze dieses Wort ‚Willen' nur ungern, aber es gibt wirklich kein anderes) … einen Willen, der in der Welt, im Universum in Richtung dessen am Werk ist, was wir uns nur als universelle Erlösung vorstellen können: die Befreiung, die Erleuchtung letztlich aller empfindenden Wesen." Eine bearbeitete Fassung dieses Vortrags findet sich in Sangharakshita, *The Bodhisattva Ideal*. Birmingham: Windhorse Publications 1999, S. 38 (*CW* 4).

sprach, dasselbst Teil des gemeinsamen Rahmens ist, in dem es und die anderen Zuflucht nehmen. Weil es diese organische Verbindung gibt, vermag die Handlung des Zufluchtnehmens sich selbst – sprich: ihre Natur und ihre Bedeutsamkeit – vollständiger zu bekunden. Weil es diese organische Verbindung gibt, vermag die Handlung des Zufluchtnehmens auch, als individuelle Widerspiegelung des größeren Kontextes, in dem diese Handlung geschieht, etwas von der Natur und Bedeutsamkeit des größeren Kontextes selbst zu offenbaren.

19. STUFEN DES ZUFLUCHTNEHMENS

In *A Survey of Buddhism* machte ich darauf aufmerksam, dass Zufluchtnehmen nichts ist, was man nur einmal und damit für alle Zeit tut, sondern etwas, das mit dem eigenen Verständnis des Buddhismus wächst.[134] Die Handlung des Zufluchtnehmens geschieht somit nicht allein in einem größeren Kontext, sondern auch auf verschiedenen Ebenen, und das buddhistische spirituelle Leben besteht darin, von einer Ebene zur nächsten fortzuschreiten. Die Überlieferung unterscheidet zwei Ebenen der Zufluchtnahme, die weltliche und die transzendente[135], doch in meinem Vortrag „Ebenen des Zufluchtnehmens" (*Levels of Going for Refuge*), den ich 1978 anlässlich des zehnten Jahrestags der Ordensgründung hielt, unterschied ich insgesamt sechs Ebenen.[136] Der Vortrag wurde am 3. April gehalten, also fast genau vor zehn Jahren, und meine sechs Ebenen des Zufluchtnehmens waren die kulturelle, provisorische, effektive, reale, letztendliche und die kosmische Zufluchtnahme.

Bevor ich diese Ebenen beschrieb, erzählte ich einige Minuten lang von meiner eigenen Erfahrung „formellen" Zu-

---

134 Siehe Sangarakshita, *A Survey of Buddhism*, Teil 4, Kapitel 3.

135 Vgl. Nyanaponika Thera, *The Threefold Refuge*, Kandy 1965, S.15. Deutsche Übersetzung in Nyānaponika, *Im Lichte des Dhamma: buddhistische Texte*. Konstanz: Christiani Verlag 1989, S. 65 ff.

136 *A. d. Hrsg.*: Dieser Vortrag ist in *CW* 12 enthalten. Wie Sangharakshita im vorliegenden Kapitel seiner *Geschichte* weiter ausführt, unterschied er in einem 1981 in Bombay gehaltenen Vortrag „Zufluchtnahme" (*Going for Refuge*) vier Ebenen des Zufluchtnehmens. Letzterer Vortrag ist in deutscher Übersetzung abrufbar unter: http://www.triratna-buddhismus.de/fileadmin/user_upload/Texte/Sangharakshita_Zufluchtnahme.pdf (Geprüft am 27. März 2019).

fluchtnehmens, das heißt, meiner der Gründung des Westlichen Buddhistischen Ordens vorausgehenden Erfahrung, die Worte der Drei Zufluchten und der Fünf (oder Zehn) Vorsätze zu rezitieren. In diesem Zusammenhang beschrieb ich sechs verschiedene Begebenheiten, von denen ich einige in der ersten Hälfte dieser *Geschichte* schon behandelt habe. Wie viele andere Begebenheiten, die ich hätte erwähnen können, zeigten auch diese, dass es buddhistischen Kreisen im Osten und denen im Westen ebenfalls weitgehend an Verständnis für die wahre Bedeutsamkeit des Zufluchtnehmens mangelte. Die Zufluchten galten schlicht als etwas, das man rezitierte und das zeigte, dass man in einem bloß gesellschaftlichen Sinne Buddhist war. Sie waren eine Art Fähnlein, das man bei bestimmten Anlässen schwenkte. Wenn man am Wesak-Tag in den Tempel ging, rezitierte man die Zufluchten, nicht anders, als man es auch bei einer Hochzeit, einer Namensgebung, einer Gedenkfeier oder einer öffentlichen Versammlung tat. Natürlich war nichts daran falsch, die Zufluchten zu rezitieren. Bedenklich war nur, dass die Menschen sie gemeinhin rezitierten, ohne über ihre Bedeutung nachzusinnen. Meiner Erfahrung nach hatten einzig die Tibeter ein gewisses Verständnis für das, was Zufluchtnehmen wirklich bedeutete, und eine gewisse Einsicht in ihre gewaltige – ja zentrale – Wichtigkeit im und für das buddhistische Leben. Überall sonst in der buddhistischen Welt hatten die Menschen ihre Wichtigkeit anscheinend vergessen. Zwar rezitierten sie die Zufluchten häufig (und es war gut, dass sie das taten), doch sie nahmen kaum je aktiv Zuflucht. Das war wirklich überraschend. Die Wichtigkeit aktiven Zufluchtnehmens war in den buddhistischen Schriften, zumal den Pāli-Schriften, hinreichend deutlich. Wie-

der und wieder in diesen Schriften gibt der Buddha eine Belehrung, und wieder und wieder wird man Zeuge, wie die Empfänger dieser Belehrung sie mit Ausdrücken des Staunens und
der Verwunderung beantworten und von ganzem Herzen erklären: „Ich nehme Zuflucht zum Buddha, zu seinem Dharma
und zu seinem Sangha!"[137] Das war kein bloßes Wiederholen
einer Formel; vielmehr antwortete man so, mit allem was man
war, auf die Wahrheit. Man entschied sich verbindlich für die
Wahrheit, unterwarf sich der Wahrheit, wollte sein ganzes Leben der Wahrheit weihen, und diese Wirkung konnte nicht nur
dadurch hervorgerufen werden, dass man den Dharma hörte,
sondern auch durch die Begegnung mit dem Buddha oder den
Anblick des Sangha – und sogar den Anblick einer Gruppe von
Ordensangehörigen und Mitras bei der Arbeit.

---

137 *A. d. Hrsg.*: Schon in der Frühzeit des Buddhismus wird die
Sprache des „Zufluchtnehmens" verwendet. Dem Vinaya Piṭaka
zufolge fühlten sich die Kaufleute Tapussa und Bhallika, die
beiden ersten Menschen, die dem Buddha nach seiner Erleuchtung begegneten, gedrängt, ihm ein Speiseopfer mit den
Worten „Wir, oh Erhabener, nehmen unsere Zuflucht zum
Erhabenen und zur Lehre" darzubieten. Siehe Vinaya Piṭaka
(*Mahāvagga* 1.1.03). Übersetzung von Maitrimurti-Trätow,
abrufbar unter: http://www.palikanon.de/vinaya/mahavagga/
mv01_01_01-06.html (Geprüft am 27. März 2019). Später,
als der Buddha auch seine erwachten Schüler ermächtigt
hatte, ihrerseits Menschen in den Sangha aufzunehmen,
wurde die Zufluchtsformel dreifältig und findet sich in dieser
Form an vielen Stellen im Pālikanon, z. B.: *Vekhanassa Sutta*,
Majjhima Nikāya (ii.44, M 80), in: *Die Lehrreden des Buddha
aus der Mittleren Sammlung. Majjhima Nikāya*. Übersetzung
von Kay Zumwinkel. Uttenbühl: Jhana Verlag 2001, Bd. 2, S.
289. (Abrufbar unter: http://www.palikanon.com/majjhima/
zumwinkel/m080z.html; geprüft am 27. März 2019).

Die Wichtigkeit der Zufluchtnahme wurde somit aus den buddhistischen Schriften klar ersichtlich, mochten große Teile der buddhistischen Welt sie auch vergessen haben. Nachdem ich dies aufgezeigt hatte, wandte ich mich meinen sechs Ebenen der Zuflucht zu. Kulturelle Zufluchtnahme, die man auch formale oder ethnische Zufluchtnahme nennen konnte, war die Zufluchtnahme jener Buddhisten im Osten, die dem Buddhismus nicht wirklich als spiritueller Lehre folgten (obwohl sie in sozialer Hinsicht durchaus positiv von ihm beeinflusst sein mochten) und die sich auch nicht um spirituelle Entwicklung bemühten, trotzdem aber stolz auf den Buddhismus als Teil ihres kulturellen Erbes waren und sich auf jeden Fall als (ethnische) Buddhisten verstanden. Diese Menschen rezitierten die Zufluchten als eine Bestätigung ihrer kulturellen und nationalen Identität und gingen sogar so weit zu behaupten, sie seien „gebürtige Buddhisten", obwohl man in Wahrheit ebenso wenig als Buddhist geboren werden kann, wie man (dem Buddha zufolge) als Brahmane geboren werden kann. In unserer eigenen Bewegung gab es kein kulturelles Zufluchtnehmen, denn es gab keine „gebürtigen Buddhisten", doch vielleicht gab es etwas Ähnliches, insofern jemand sich vielleicht zu unserer Bewegung als „positiver Gruppe" hingezogen fühlte und gerne an allem teilnahm, was wir machten, einschließlich Singen der Zufluchten. Provisorisches Zufluchtnehmen ging über die kulturelle Zuflucht hinaus, erreichte aber nicht die Stufe wirksamen Zufluchtnehmens. Man war vielleicht ein „gebürtiger Buddhist" in dem Sinne, dass man in einer buddhistischen Umgebung geboren war, und man hatte nun begonnen, den Buddhismus ein wenig ernster zu nehmen und angefangen, ihn in gewissem Grad zu üben, ohne sich aber ihm oder

der eigenen spirituellen Entwicklung wirklich zu verpflichten. Vielleicht war man sich aber der Möglichkeit, sich zu verpflichten, bewusst und hielt das sogar für erstrebenswert und schloss nicht aus, es irgendwann in der Zukunft auch zu tun. In unserer Bewegung wurde diese Ebene der Zuflucht von den Mitras verkörpert, die sich als den FWBO „zugehörig" verstanden, regelmäßig meditierten, in verschiedenen praktischen Belangen aushalfen und vielleicht auch an Ordination dachten.

Effektives oder wirksames Zufluchtnehmen bestand darin, sich verbindlich für die Drei Juwelen zu entscheiden. Da ich zu einer Versammlung von Ordensangehörigen sprach, musste ich dies, wie ich auch damals anmerkte, nicht weiter ausführen, denn sie alle wussten genau, was effektive Zufluchtnahme bedeutete und dass sie der *upāsaka-/upāsikā*-Ordination im Westlichen Buddhistischen Orden entsprach. Darum beließ ich es dabei, einige Worte über die esoterischen Zufluchten zu sagen, das heißt: den *guru*, den *deva*, und die *ḍākinī* – und vor allem über die *ḍākinī*.[138] Doch bevor ich darauf einging, wies ich darauf hin, dass effektives Zufluchtnehmen zwar der *upāsaka-/*

---

138 *A. d. Hrsg.*: Im Vortrag von 1978 *Levels of Going for Refuge* (*CW* 12) erläutert Sangharakshita die esoterischen Zufluchten als solche, die die Zuflucht Nehmenden auf ihre eigene direkte Erfahrung verweisen. In der Vajrayāna-Überlieferung steht der *guru* für die Buddha-Zuflucht; der *deva*, womit hier die Buddha- oder Bodhisattva-Gestalt gemeint ist, über die man meditiert, wird im eigenen direkten Erleben zur Dharma-Zuflucht; die *ḍākinī* wird zunächst als „irgendein/e Angehörige/r der spirituellen Gemeinschaft, mit der/dem man in enger persönlicher Verbindung steht und von dem/der man spirituell begeistert und inspiriert ist" beschrieben – dies aber nicht wie eine Art spirituelle/r Geliebte/r, sondern eher wie das, was der Mystiker William Blake „Emanation" nannte. Dies ist eine Kommunikation auf einer höheren spirituellen Ebene.

upāsikā-Ordination im Westlichen Buddhistischen Orden entsprechen mochte, die überlieferten sozio-religiösen Kategorien allerdings für uns immer weniger wichtig wurden. Vielleicht sei es darum besser, nicht mehr im Sinne der *upāsaka-/upāsikā*-Ordination zu sprechen, sondern schlicht von „Ordination" oder auch „dreifältiger Verpflichtung" (das heißt, Verpflichtung mit Körper, Rede und Geist) – eine Überlegung, die zweifellos die Entwicklung andeutete, mit der ich mich im 20. Kapitel befassen werde. Reale oder wirkliche Zuflucht geschah, wenn man Einsicht und Weisheit entwickelte und damit den transzendenten Pfad betrat oder, anders gesagt, zum Stromeingetretenen wurde. In traditionellen Begriffen entsprach reales Zufluchtnehmen der transzendenten Zuflucht, wohingegen alle früheren Zufluchten – einschließlich der effektiven – weltlich waren. Das war ein ziemlich ernüchternder Gedanke. Bis man in den Strom eingetreten war, konnte man zurückfallen: Man konnte die spirituelle Gemeinschaft verlassen – aus dem Orden austreten. Aus diesem Grund war eine positive, spirituell stützende Umgebung von höchster Wichtigkeit – zumindest bis zu dem Zeitpunkt, da man in den Strom eintrat. Letztendliches Zufluchtnehmen geschah, wenn man Erleuchtung erlangte. Auf dieser Stufe bedurfte man keiner äußeren Zuflucht mehr, sondern war sich selbst Zuflucht. Tatsächlich gab es auf dieser Stufe weder Innen noch Außen, weder Selbst noch Anderes.

Die kosmische Zuflucht war streng genommen keine andere Ebene des Zufluchtnehmens, sondern bezog sich auf das Evolutionsgeschehen, also auf die Niedere Evolution und die Höhere Evolution. Zuerst kamen die Amöben, dann Schalentiere, Fische, Reptilien, Vögel und Säugetiere. Schließlich kamen die Menschen – *homo sapiens*. Was man tatsächlich sah, wenn man die Evolution betrachtete, war ein Zufluchtnehmen. Jede Lebensform strebte die Entwicklung in eine höhere Form an; sie nahm sozusagen zu dieser höheren Form Zuflucht. Das mag unangemessen poetisch klingen, doch ist es genau das, was man tatsächlich sehen konnte. In den Menschen wurde das evolutionäre Geschehen seiner selbst bewusst; das war die Höhere Evolution. Wenn die Höhere Evolution ihrer selbst bewusst wurde (und sie wurde ihrer selbst in und durch spirituell entschiedene Individuen bewusst), dann war dies Zufluchtnehmen im Sinne effektiver Zuflucht. Durch unser Zufluchtnehmen sind wir gewissermaßen mit allen Lebewesen vereint, die in ihrer je eigenen Weise und auf ihrer jeweiligen Stufe in gewissem Sinne ebenfalls Zuflucht nehmen. Insofern war Zufluchtnahme nicht bloß eine bestimmte Übung der Hingabe oder ein Akt dreifacher Selbstverpflichtung, sondern der Schlüssel zum Mysterium der Existenz.

Drei oder vier Jahre später gab ich einen weiteren Vortrag über „Zufluchtnahme".[139] Der Vortrag wurde in Bombay vor einem Publikum gehalten, das sich aus Theosophen und ehemals unberührbaren Buddhisten zusammensetzte. Ich näherte mich dem Thema vom Hintergrund meiner Erfahrung mit unserer neuen buddhistischen Bewegung im Westen. Sich in dieser Bewegung zu engagieren, gipfelte in „Ordination" – traditioneller ausgedrückt: in Zufluchtnahme zum Buddha, zum Dharma und zum Sangha. In diesem Vortrag unterschied ich nur vier Ebenen der Zufluchtnahme, die provisorische, die ef-

---

139 Siehe deutsche Übersetzung unter: http://www.triratna-buddhismus.de/fileadmin/user_upload/ Texte/Sangharakshita_Zufluchtnahme.pdf (Geprüft am 27. März 2019).

fektive, die reale und die absolute (= letztendliche); die ethnische Zuflucht wurde der provisorischen zugeschlagen, die
kosmische wurde ausgelassen. Reales Zufluchtnehmen indes
wurde in Entsprechung zur Öffnung des Dharma-Auges, des
Auges der Wahrheit, des dritten der fünf Augen der buddhistischen Überlieferung, gesetzt und dies wiederum in Entsprechung zu transzendenter Zufluchtnahme und Stromeintritt.
Ich besprach zunächst die drei Fesseln (sprich: Selbst-Glaube,
Zweifel und Abhängigkeit von moralischen Regeln und religiösen Verpflichtungen), die zu brechen mit Stromeintritt gleich-
bedeutend war, und anschließend unterschied ich zwischen
Selbstverpflichtung und Lebensstil (*commitment and lifestyle*). Danach stellte ich die Frage nach dem Wesen der Beziehung zwischen der Entstehung des *bodhicitta*, der Zufluchtnahme, der
Öffnung des Dharma-Auges, Stromeintritt und Aufbruch (in
die Hauslosigkeit) und antwortete folgendermaßen:

> Das *bodhicitta* oder die Entstehung des *bodhicitta*
> steht, so können wir sagen, für die eher altruistische
> Dimension dieser vier anderen Erfahrungen. Oder
> eher noch: Alle fünf einschließlich des *bodhicitta* selbst
> stehen für die fünf verschiedenen Aspekte einer
> einzigen, grundlegenden, entscheidenden und ein-
> zigartigen spirituellen Erfahrung. Das Zufluchtneh-
> men lenkt die Aufmerksamkeit auf den emotionalen
> und den willentlichen Aspekt dieser Erfahrung, die
> Öffnung des Dharma-Auges auf die unbedingte Tief-
> gründigkeit ihres kognitiven Gehalts, Stromeintritt auf
> die stetige und weitreichende Natur ihrer Wirkung.
> Der Aufbruch in die Hauslosigkeit betont dagegen
> das Ausmaß der Umgestaltung, die diese Erfahrung

unweigerlich in den Abläufen des täglichen Lebens mit sich bringt – ob man nun formell Mönch wird oder nicht. Das *bodhicitta* repräsentiert, wie gesagt, den selbstlosen und uneigennützigen Aspekt dieser Erfahrung.[140]

---

140 Ebd., S. 15 f.

20. ZUFLUCHTNEHMEN – ALT UND NEU

Im Dezember 1973 leitete ich das erste einer, wie sie zeigen sollte, langen Reihe von FWBO-Studienklausuren. Während dieser Klausuren führte ich eine Gruppe von Ordensmitgliedern und anderen durch einen buddhistischen Text, indem wir ihn Zeile für Zeile und Wort für Wort erörterten und dabei versuchten, ihn auf unser eigenes Verständnis und unsere Übung des Dharma zu beziehen. Die meisten der von uns studierten Texte waren Klassiker der kanonischen wie nicht kanonischen buddhistischen Literatur, aber auch einige moderne Werke. Zu den letzteren gehörte Nyanaponika Theras Essay „Die Dreifache Zuflucht" (*The Threefold Refuge*)[141], worüber ich im Herbst 1978 ein Studienseminar in Padmaloka leitete.[142] Nyanaponika Thera war ein Theravāda-Mönch deutscher Herkunft, der seit 1952 in Kandy (damals Ceylon, heute Sri Lan-

---

141 Nyanaponika, *The Threefold Refuge*, Wheel Publication 76, Kandy: Buddhist Publication Society 1965. Auch als Download erhältlich unter: https://www.accesstoinsight.org/lib/authors/nyanaponika/wheel076.html (geprüft am 21. Mai 2019). – Die deutsche Übersetzung eines Teils von Nyanaponika Theras Text liegt vor in: Nyānaponika, *Im Lichte des Dhamma: buddhistische Texte*. Konstanz: Christiani Verlag 1989, S. 65-78.

142 *A. d. Hrsg.: Padmaloka* – „Lotoswelt" – war das erste Zentrum der FWBO (Triratna) für Meditations- und Studienklausuren; es wurde 1976 in Norfolk gegründet. Dort leitete Sangharakshita viele Studienseminare. Einige Jahre lang diente Padmaloka auch als Hauptquartier Sangharakshitas und Sitz des Ordensbüros. Im Laufe der Entwicklung des Ordinationsprozesses in den 90er Jahren wurde Padmaloka, das immer auch Sitz einer großen Wohngemeinschaft war, zum wichtigsten Dharma-Schulungszentrum für Männer, die um Ordination gebeten hatten. Nicht nur dadurch gewann der Ort eine mythische Qualität im Leben vieler Ordensmitglieder.

ka) lebte und hauptverantwortlich für Gründung und laufende
Arbeit der *Buddhist Publication Society* war. In seinem 1948 geschriebenen Essay untersuchte er nicht nur die Bedeutung der
Zufluchtnahme aus Sicht eines liberalen Theravādin, sondern
war anscheinend auch bestrebt, einen Weg zu finden, die Praktik des Zufluchtnehmens als eine Handlung individueller Verpflichtung auf die Drei Juwelen neu zu beleben, und vor allem
aus diesem Grund hatte ich entschieden, eine Studienklausur
über dieses Werk zu leiten.[143]

Nyanaponikas Text *Die Dreifache Zuflucht* hatte zwei Teile. Der erste bestand aus einer gekürzten Übersetzung von
Buddhaghosas Erläuterung eines Abschnitts aus dem *Majjhima
Nikāya*, der die Zufluchten betraf; der zweite enthielt Nyanaponikas eigene Gedanken und Anmerkungen und war erneut in
zwei Teile gegliedert.[144] Im ersten machte Nyanaponika einige
allgemeine Bemerkungen zum Thema des Zufluchtnehmens,
während er im zweiten Buddhaghosas Erläuterung des Sutta-
Abschnitts kommentierte. Anstatt das Werk von vorne nach
hinten durchzugehen, wozu wir sofort in Buddhaghosas recht
scholastische Darlegung hätten eintauchen müssen, studierten
wir erst Nyanaponikas allgemeine Bemerkungen, dann Buddhaghosas Erläuterung und abschließend Nyanaponikas Kom-

---

143 *A. d. Hrsg.*: Die wörtlichen Abschriften der Tonaufnahmen
des Seminars wurden von Sangharakshita bearbeitet und
anschließend als *The Threefold Refuge*, Birmingham: Windhorse
Publications 1984 veröffentlicht (*CW* 15).
144 *A. d. Ü.*: Die deutsche Ausgabe von Nyanaponikas *Die dreifache
Zuflucht* enthält nur den zweiten Teil des ursprünglichen
Essays, also die Gedanken Nyanaponikas, aber auch dies nur
teilweise. Im Wortlaut, aber nicht im Inhalt, gibt es einige
Abweichungen von der englischen Fassung. Nach Möglichkeit
zitieren wir hier aus der deutschen Ausgabe.

mentar dazu. Dieses Vorgehen schien auch logisch stimmiger. Im Verlauf unseres Studiums kamen mancherlei Themen auf und wurden besprochen. Nicht alle von ihnen betrafen direkt das Thema des Zufluchtnehmens, doch sie hatten ausnahmslos einen deutlichen Bezug zu diesem oder jenem Aspekt des spirituellen Lebens. Zu den besprochenen Themen gehörten der Unterschied zwischen Passivität und Rezeptivität, die Schönheit „des Spirituellen", emotionale Zügellosigkeit, Liebe und Macht, Autorität, (irrationale) Schuld, Immanenz, „Verdienste erwerben", Magie und Technologie sowie die Schwierigkeit, eine korrumpierte Religion zu reformieren.

Im Großen und Ganzen aber kreiste unsere Diskussion um Nyanaponikas Erläuterung der Bedeutung des Zufluchtnehmens sowohl in seinen eigenen Begriffen wie in der Darlegung Buddhaghosas. Mit manchen seiner Gedanken und Bemerkungen stimmten wir zutiefst überein, so zum Beispiel mit seiner Betonung, dass die Zufluchtnahme – oder der „Zufluchts-Gang", wie Nyanaponika auch erwähnt –

> eine bewusst unternommene Willenshandlung … und nicht nur ein Lippen-Bekenntnis, ein rein theoretisches Glauben [ist], und sie wird entwertet, wenn sie zum gewohnheitsmäßigen Ritus traditioneller Frömmigkeit wird.[145]

In der Tat schien der gelehrte deutsche Mönch manchmal nicht nur unsere innersten Überzeugungen auszudrücken, und zwar ebenso genau wie wortgewandt. Je weiter wir im Text *Die dreifache Zuflucht* kamen, wurde uns gleichwohl zunehmend bewusst, dass trotz der offenkundigen Ernsthaftigkeit des Au-

---

145 Ebd., S. 67 der deutschen Ausgabe.

tors etwas in seinem Ansatz zur Zufluchtnahme grundverkehrt war. Obwohl er Zufluchtnahme kurz als einen „bewusste[n] Akt des Willens, der Erkenntnis und der Hingabe" definiert und hinzugefügt hatte, „[d]iese drei Aspekte des Zufluchtnehmens entsprechen dem wollenden, erkennenden und fühlenden Teil des menschlichen Geistes" und „die Ausbildung aller drei [sei] notwendig ... für eine harmonische Charakterbildung"[146], war Nyanaponikas Herangehen an Zufluchtnahme in letzter Analyse doch einseitig intellektuell. Ihm war deutlicher bewusst, dass Hingabe der Stütze durch Verstehen bedurfte, als dass Verstehen der Unterstützung durch Hingabe bedurfte, und ihm lag mehr daran, den Unterschied zwischen Hingabe und blindem Vertrauen als den Unterschied zwischen Verstehen und eines nurmehr theoretischen Anerkennens zu betonen. Gläubiges Vertrauen ließ sich wohl in Verstandesbegriffen erklären, doch Verstehen konnte anscheinend nicht im Sinne von Emotion erklärt werden. Wie ich im Verlauf unserer Diskussion anmerkte, verdankte sich Nyanaponikas Einseitigkeit (und seine sichtliche Furcht vor Emotion) vielleicht der Tatsache, dass er es für wichtig hielt, den Aspekt des Verstehens zu betonen, weil er, im buddhistischen Ceylon lebend und wirkend, von frommen Laienbuddhisten umgeben war, die die Zufluchten und Vorsätze zu rezitieren pflegten, ohne über ihre Bedeutung nachzusinnen. Vielleicht hatte er seinen Essay aber auch im Blick auf westliche Menschen (oder im westlichen Sinne erzogene Menschen) verfasst und dabei angenommen, ein intellektueller Zugang zum Zufluchtnehmen sei für solche Menschen am besten geeignet. Wie es auch um die Gründe seiner Einseitigkeit bestellt sein mochte, Nyana-

---

146 Ebd., S. 75 der deutschen Ausgabe.

ponikas Tendenz, die Bedeutung von Emotion abzuwerten, war für seine ganze Haltung gegenüber Buddhismus und spirituellem Leben charakteristisch, zumindest soweit man diese Haltung aus dem Text erschließen konnte. Spirituelle Freundschaft erwähnte er nirgends, und tatsächlich schien er das spirituelle Leben ausschließlich im Sinne einer zunehmenden Desillusionierung mit den Unvollkommenheiten des bedingten Daseins zu betrachten, statt gleichermaßen im Sinne einer zunehmenden Anziehung an und Faszination von der Schönheit des Unbedingten.

Der vielleicht interessanteste Teil von Nyanaponikas Aufsatz war jener, in dem er sich mit den vier Arten weltlicher Zufluchtnahme befasste, die in der in Teil 1 übersetzten Erläuterung Buddhaghosas beschrieben wurden. Diese vier Modi der Zuflucht, wie er sie auch nannte, waren Preisgabe des Selbst, Annahme des leitenden Ideals, Annahme von Schülerschaft, und Huldigung durch Niederwerfung. Buddhaghosa erläuterte die letzten drei dieser Modi durch Verweis auf Schriftstellen, in denen ein bestimmter Schüler, nachdem er den Dharma vom Buddha gehört hatte, Zuflucht nahm unter Verwendung einer anderen Formel als der üblichen *Buddhaṃ saraṇaṃ gacchāmi* und so weiter.[147] Aus Nyanaponikas Sicht waren die Belegstellen in den Schriften nicht allzu erhellend, und sogar die Verbindung zwischen diesen Abschnitten und den Modi der Zuflucht, die sie angeblich veranschaulichten, war nicht immer klar. Die erste Art weltlichen Zufluchtnehmens, Aufgabe des Selbst, erläuterte Buddhaghosa nicht mit Verweis auf eine Schriftstelle, sondern durch Nennung der Zuflucht-Formel, mit der sie traditionell verbunden ist. Somit gab es nicht nur

---

147 Ebd. S. 4 der englischen Ausgabe.

vier Arten weltlichen Zufluchtnehmens, sondern auch vier alternative Zuflucht-Formeln, welche dazu dienten, die Tatsache zu betonen, dass es um das Zufluchtnehmen geht und nicht so sehr um die besondere Formulierung, in der diese Handlung Ausdruck findet. Nyanaponika zufolge wurden die vier Modi der Zuflucht in *absteigender* Rangfolge gegeben (doch dessen war er sich nicht ganz sicher),

> mit der höchsten Form, vollständiger Selbst-Aufgabe beginnend, und mit der niedrigsten, Huldigung/Verehrung durch Niederwerfung endend[148],

und das erlaubte ihm, die drei niedrigsten Modi mit den drei Aspekten der Zufluchtnahme, das heißt dem emotionalen, dem rationalen und dem willentlichen Aspekt zu korrelieren. Huldigung durch Niederwerfung stand für die emotionale Seite des Zufluchtnehmens, Annahme von Schülerschaft die rationale und Annahme der Drei Juwelen als leitendes Ideal die willentliche. Erneut war damit Emotion im Verhältnis zum Verstand abgewertet. Aufgabe des Selbst stand für die höchste Form des Zufluchtnehmens und Nyanaponika zitierte einen Abschnitt aus Buddhaghosas *Visuddhimagga* oder „Pfad der Reinheit", der anzudeuten schien, dass es „in der Frühzeit des Dhamma" (wie Nyanaponika es nannte) üblich war, auf diese Weise Zuflucht zu nehmen und die angemessene Formel zu verwenden, ehe man den *guru* um ein Meditationsthema bat.

Anscheinend wurde Nyanaponika hierdurch zur Frage veranlasst, ob es nicht für jene, die wie die Meditierenden alter Zeit den Buddhismus ernster nehmen wollten als die Mehrheit der Mitgläubigen, möglich sei, die Formel der Selbst-Aufgabe

---

148 Ebd., S. 17 der englischen Ausgabe.

zu verwenden. Seine Auffassung von Selbst-Aufgabe schien in der Tat dem Verständnis von Zufluchtnahme im Westlichen Buddhistischen Orden zu entsprechen – das heißt: unserer *upāsaka/upāsikā*-Ordination. Mit anderen Worten gesagt, entsprach es dem, was ich im Unterschied zur kulturellen oder ethnischen Zuflucht effektives Zufluchtnehmen genannt hatte; denn Zufluchtnehmen mittels Selbst-Aufgabe war, wie aufzuzeigen er sich bemühte, zwar noch weit entfernt von der vollständigen Beseitigung von Egoismus und Ich-Täuschung, aber sie war doch ein machtvolles Werkzeug zu diesem Zweck und konnte darum

> den Übergang von der weltlichen oder mundanen
> Zuflucht, zu der es noch gehörte, zur überweltlichen
> Zuflucht markieren, auf die es zielte.[149]

Indes war die Entsprechung zwischen Nyanaponikas Auffassung von Selbst-Aufgabe und Zufluchtnehmen im Sinne der *upāsaka/upāsikā*-Ordination, wie wir sie im Westlichen Buddhistischen Orden verstanden, keineswegs vollkommen. Im Fall des Westlichen Buddhistischen Ordens nahm man nicht bloß als Individuum Zuflucht, sondern man fand sich dank des eigenen Zufluchtnehmens als einer von vielen Menschen wieder, die ebenfalls Zuflucht genommen hatten: Man fand sich als „Mitglied" eines Sangha oder einer spirituellen Gemeinschaft mit allem, was dies im Sinne spiritueller Freundschaft und Zusammenarbeit implizierte. In Nyanaponikas Vorstellung von Buddhismus und spirituellem Leben gab es anscheinend keinen Platz für spirituelle Gemeinschaft, und darum war Zufluchtnehmen mittels Selbst-Aufgabe für ihn wesent-

---

149 Ebd., S. 25 der englischen Ausgabe.

lich eine individuelle Angelegenheit, und man musste „das größte aller Gelübde", wie er die Formel der Selbst-Aufgabe nannte, „in der Heimlichkeit des eigenen Herzens" ablegen. Die Gegenwart irgendeines Zeugen des Gelöbnisses wurde als „Öffentlichkeit" abgewiesen. Obwohl Nyanaponika somit gesehen hatte, dass Zufluchtnehmen zum „bloßen Lippenbekenntnis eines rein theoretischen Glaubens" und einem „gewohnheitsmäßigen Ritus traditioneller Frömmigkeit" geworden war, und obwohl er in der Selbst-Aufgabe die Möglichkeit sah, das Zufluchtnehmen zu einem „bewussten Akt" zu machen, bedeutete die Tatsache, dass er ein Theravādin war und in Ceylon lebte, dass er nicht wirklich sehr viel dazu beitragen konnte, die „alte" (kulturelle und ethnische) Zufluchtnahme durch eine „neue" (bewusstere und individuelle) Zufluchtnahme zu ersetzen.

21. Von *upāsaka* zu *dharmacārī*

Wie ich am Tag der Gründung des Westlichen Buddhistischen Ordens erläutert hatte, bestand die *upāsaka/upāsikā*-Ordination darin, die Drei Zufluchten und Zehn Vorsätze zu nehmen, und von den *upāsaka/upāsikās* wurde erwartet, dass sie sich vegetarisch ernährten, einen rechten Lebenserwerb ausübten und ein einfaches Leben führten. Außerdem wurde von ihnen erwartet täglich zu meditieren, buddhistische Anleitungen und Klausuren zu besuchen und unserer neuen buddhistischen Bewegung praktisch zu helfen. Wie ich sehr wohl wusste, war das weitaus mehr, als man in weiten Teilen der buddhistischen Welt von *upāsaka/upāsikās* oder „Laienbuddhisten" erwartete, doch im Laufe der Jahre, während derer Ordensangehörige ihr Leben zunehmend um die Drei Juwelen herum ordneten, wurde der Unterschied zwischen ihnen und den *upāsaka/upāsikās* des Ostens immer deutlicher. Solange der Orden auf Großbritannien beschränkt war, machte das nicht viel aus, doch gelegentlich besuchende *bhikkhus* drückten ihr Staunen darüber aus, dass „bloße *upāsaka/upāsikās*" dem Dharma so sehr ergeben waren und sie fragten, warum nicht alle von ihnen die gelbe Robe trugen. Als unsere neue buddhistische Bewegung sich aber nach Indien ausweitete und nun auch dort *upāsaka/upāsikā*-Ordinationen durchgeführt wurden, wurde der Unterschied zwischen den gewöhnlichen „Laienbuddhisten" und Angehörigen des Westlichen Buddhistischen Ordens – oder Trailokya Bauddha Mahasangha, wie er in Indien hieß – noch deutlicher als zuvor. Die Tatsache, dass gewöhnliche „Laienbuddhisten" und Angehörige des Trailokya Bauddha Mahasangha gleichermaßen *upāsakas*[150] genannt wurden, pflegte die Menschen zu verwirren und dadurch unsere Arbeit zu erschweren, so dass bald klar wurde, dass wir über eine andere Bezeichnung nachdenken mussten.

Der indische Flügel des Westlichen Buddhistischen Ordens wurde im Februar und Juni 1979 während meiner ersten beiden Besuche des indischen Subkontinents nach Gründung unserer neuen buddhistischen Bewegung in Großbritannien geschaffen. Um die Zeit meines dritten, vier Monate während Besuchs im Winter 1981-2 war der dortige Orden größer und reifer geworden, und die ehemals unberührbaren Buddhisten Zentral- und Westindiens hatten begonnen, Anleitung bei ihm zu suchen. Die indischen Angehörigen von Trailokya Bauddha Mahasangha waren selbst ehemals Unberührbare. Mit einigen von ihnen war ich schon früher befreundet gewesen oder sie waren meine Schüler, und Lokamitra hatte 1977, nach seiner Ankunft im Land, Verbindung zu ihnen aufgenommen.[151] Seit

---

150 *A. d. Ü.*: Es dauerte einige Jahre, bis auch die ersten indischen Frauen als *upāsikā* ordiniert wurden.

151 *A. d. Hrsg.*: Lokamitra (*1947) wurde 1974 von Sangharakshita ordiniert. 1977 reiste er zu den heiligen buddhistischen Stätten in Indien und besuchte Kalimpong (wo Sangharakshita viele Jahre lang gelebt hatte) sowie Pune, wo er bei B. K. S. Iyengar Yoga studierte. Auf seinem Weg nach Pune traf er an genau dem Tag in Nagpur ein, als die Anhänger von Dr. Ambedkar den einundzwanzigsten Jahrestag der Massenübertritte zum Buddhismus feierten. Was er dort erlebte, bewegte ihn so sehr, dass er sich entschied, in Indien zu bleiben und mit Dr. Ambedkars buddhistischen Anhängern gemeinsam einen indischen Flügel des von Sangharakshita gebildeten Ordens zu schaffen. Seit nunmehr über 40 Jahren setzt er diese Arbeit unermüdlich fort. Siehe Alan Sponberg, *TBMSG: A Dhamma Revolution in India*, in: Queen, C. S. and King, S.: *Engaged Buddhism*. New York: State University of New York Press 1996, S. 75-122.

meiner endgültigen Abreise aus Indien im Jahr 1967 hatten die Anhänger Dr. Ambedkars kaum Gelegenheit, den Dharma zu hören, und wenn auch die Inbrunst, mit der sie ursprünglich den Buddhismus angenommen hatten, noch immer in ihnen glühte, waren sie doch mehrheitlich leider nur dem Namen nach Buddhisten. Ihr Zufluchtnehmen war somit bestenfalls ein kulturelles oder ethnisches, und der Unterschied zwischen ihnen und den *upāsakas* und *upāsikās* des Westlichen Buddhistischen Ordens/Trailokya Bauddha Mahasangha, die damals unter ihnen arbeiteten, war tatsächlich gewaltig. Während eines Ordenstreffens, das wir im März 1982 in New Bombay (heute Navi Mumbai) abhielten und an dem einundzwanzig Ordensmitglieder (fünfzehn von ihnen Inder) teilnahmen, schlug ich darum vor, die Bezeichnungen *upāsaka* und *upāsikā* fallenzulassen und die Angehörigen des Ordens zukünftig *dharmacārīs* und *dharmacāriṇīs* zu nennen. Ein solcher Namenswechsel hätte verschiedene Vorteile: Er würde Ordensangehörige von gewöhnlichen „Laienbuddhisten" unterscheiden und damit helfen, den Unterschied zwischen kulturell-ethnischer Zuflucht und wirksamem Zufluchtnehmen hervorzuheben. Er würde es den Ordensmitgliedern überdies erleichtern, mit *bhikṣus* umzugehen, die manchmal dazu neigten, eine arrogante und anmaßende Haltung gegenüber „bloßen *upāsakas*" einzunehmen, selbst dann, wenn sie selber sich überhaupt nicht bemühten, den Dharma zu üben. Nach einer kurzen Diskussion nahm das Treffen meinen Vorschlag an, und im Laufe der nächsten

---

Außerdem: *The Day That Changed My Life* und *Thirty Years in India*, zwei bisher unveröffentlichte Vorträge von Lokamitra über sein Leben und seine Arbeit in Indien. PDF-Dokumente dieser Vorträge sind abrufbar bei freebuddhistaudio.com (Geprüft am 30. März 2019).

Monate folgten ihm auch die Ordensangehörigen weltweit.[152] So kam es zur Wandlung des *upāsaka* zum *dharmacārī* und der *upāsikā* zur *dharmacāriṇī*.

Weder in seiner männlichen noch weiblichen Form war der Begriff, unter dem Angehörige des Westlichen Buddhistischen Ordens von nun an bekannt waren, allgemein gebräuchlich unter Buddhisten, und das war einer der Gründe, warum wir ihn gewählt hatten. Gleichwohl war er vollkommen traditionell und an manchen Stellen in den Schriften zu finden, zumal in zwei aufeinander folgenden Strophen des *Dhammapada*, in denen der Buddha jeweils sagt:

> Der *dhammacārī* lebt glücklich, / In dieser und in der nächsten Welt.[153]

Wörtlich bedeutet *dharmacārī* (Sanskrit) oder *dhammacārī* (Pāli) „Dharma-Gänger" oder „Übender des Dharma": von Dharma + *car*, „jemand, der/die [den/im Dharma] geht oder lebt". Somit ist er eine treffende Beschreibung dessen, was Ordensangehörige sind oder zu sein versuchen. Die Begriffsbildung entspricht auch Ausdrücken wie *brahmacārī*, *bhadracārī* und *khecārī*[154], nicht anders als *dharmacarya* oder „Dharma-Wan-

---

152 *A. d. Hrsg.*: Während der hier genannten Indien-Reise (1981-2) hielt Sangharakshita dreiunddreißig Vorträge und stand für drei Frage-und-Antwort-Runden zur Verfügung. Leicht bearbeitete Abschriften sind in *CW* 9 gesammelt. Das Ordenstreffen, an dem die Namensänderung vorgeschlagen wurde, fand am 10. März 1982 statt. Siehe *CW* 9, S. 539.

153 Dhammapada, Strophen 168 und 169. Vgl. *Dhammapada. Des Buddhas Weg zur Weisheit*. Aus dem Pali übersetzt vom Ehrw. Nyanatiloka. Uttenbühl: Jhana Verlag 1999, S. 168 f.

154 *A. d. Hrsg.*: Ein *brahmacārī* ist jemand, der „ein reines, keusches Leben führt" oder ein göttliches Leben, das Leben der *brahmās*. *Bhadracārī* bezeichnet jemanden, der Gutes oder

del" analog zu *bodhicarya* ist.[155] Dank eines glücklichen Über-
eintreffens ist die zweite der beiden *Dhammapada*-Strophen,
in denen das Wort *dharmacārī* vorkommt, auch in der so genannten „Schluss-Vandanā" enthalten, einer Reihe von Pāli-
Strophen, die die ehemals unberührbaren Buddhisten am Ende
von Versammlungen zu einer feierlichen und tief berühren-
den Melodie zu singen pflegten und die wir in Indien wie andernorts schon aufgenommen hatten.[156]

Obgleich *upāsakas* nunmehr *dharmacārīs* und *upāsikās*
dharmacārinīs genannt wurden, ging es nicht bloß um einen
anderen Namen, sondern um viel mehr. Während der mehr
als vierzehn Jahre seit Gründung des Westlichen Buddhistischen Ordens war vieles anders geworden. Ordensangehörige
hatten nicht bloß ihr Leben stärker um die Drei Juwelen herum geordnet und ähnelten darum immer weniger den *upāsakas*
oder „Laienbuddhisten" des Ostens; sie hatten ihr Leben überdies auf eine solche Weise um die Drei Juwelen herum geordnet, dass es in den meisten Fällen gar nicht mehr möglich war,
sie einer der sieben verschiedenen sozio-religiösen Personen-
gruppen zuzurechnen, in die man die buddhistische Gemein-

Verheißungsvolles übt, und *khecārī* jemand, der durch den
Raum oder den Himmel wandelt.

155 *A. d. Hrsg.*: Der Begriff *bodhicarya* ist besonders aus dem Śāntidevas *Bodhicaryāvatāra* bekannt. Vgl. *Shantideva: Der Weg des
Lebens zur Erleuchtung: das Bodhicaryavatara*

156 *Dhammapālaṃ gāthā*, „Verse zum Schutze der Wahrheit",
schließt die Zeilen ein *Dhammacāri sukhaṃ seti / Asmiṃ loke
paramhi ca* (Der Aufrechte lebt glücklich / Sowohl in dieser als auch in der nächsten Welt.) Siehe auch: http://www.
triratna-buddhismus.de/fileadmin/user_upload/Texte/Dham-
mapalam_Gatha_fuer_Web.pdf (Geprüft am 30. Oktober
2020).

schaft traditionell gliederte.[157] *Dharmacārīs* und *dharmacāriṇīs* waren schlicht Buddhisten und Buddhistinnen. Sie waren Individuen, die Zuflucht zum Buddha, Dharma und Sangha genommen hatten und sich – um diese Handlung in ihrem Alltag Ausdruck zu verleihen – dazu verpflichtet hatten, die zehn Vorsätze zu befolgen. Damit waren die zehn Vorsätze nicht das, was man mit dem Fachbegriff als den *prātimokṣa* einer bestimmten sozio-religiösen Personenklasse hätte bezeichnen können, sondern sie standen für die zehn großen ethischen Prinzipien, die alle sieben Personenklassen miteinander teilten. Sie waren das, was ich den *mūla-prātimokṣa* oder „Grundlegenden Moralkodex" nenne und bildeten als solcher im Verbund mit dem Zufluchtnehmen selbst die Grundlage der Einheit unter Buddhisten.

Zwei Jahre nach der Wandlung von *upāsaka* zu *dharmacārī* und *upāsikā* zu *dharmacāriṇī* versuchte ich, dies im 6. Abschnitt des Aufsatzes *Die zehn Pfeiler des Buddhismus* darzulegen, den ich euch in unserer Feier des sechzehnten Jahrestages der Ordensgründung vorlas. Am Ende dieses Abschnitts sagte ich:

> Aus diesem Grund hat auch der Westliche Buddhistische Orden diese zehn Vorsätze angenommen und sie allen anderen überlieferten Reihen von Vorsätzen vorgezogen, gleichgültig, ob es Reihen sind, die in den buddhistischen Schriften nur erwähnt werden oder von einzelnen Schulen tatsächlich überliefert wurden. Als *mūla-prātimokṣa* bilden die Zehn

---

157 Vgl. Sangharakshita, *Die zehn Pfeiler des Buddhismus.* (1984) Buddhistische Gemeinschaft Triratna 2014, S. 20. Abrufbar unter: http://www.triratna-buddhismus.de/fileadmin/user_upload/Texte/Sangharakshita_Zehn_Pfeiler_d_Buddhismus.pdf (Geprüft am 30. März 2019).

Vorsätze für den Westlichen Buddhistischen Orden jene Schulung, die die „individuelle Befreiung" nicht allein des Mönchs und der Nonne, sondern aller Angehörigen der buddhistischen Gemeinschaft ungeachtet ihres Lebensstils unterstützt.

Weil es, was den Westlichen Buddhistischen Orden betrifft, nur eine Liste von Vorsätzen, nämlich jene der Zehn Vorsätze gibt, haben wir auch nur eine „Ordination", die *Dharmacārī(iṇī)*-Ordination. Man wird also im Westlichen Buddhistischen Orden nicht als Mönch oder Nonne, als Novizin oder Novize, Laienanhänger oder -anhängerin ordiniert, sondern schlicht als ein vollwertiges, übendes Mitglied des Sangha oder der buddhistischen spirituellen Gemeinschaft. Natürlich steht es allen offen, als persönliches Gelübde auch eine der traditionell von Mönchen, Nonnen und so weiter befolgten Regeln auf sich zu nehmen. Streng genommen befolgt man solche Regeln aber nicht zusätzlich zu den zehn Vorsätzen, sondern als Ausdruck einer intensiveren Übung des einen oder anderen Vorsatzes in einer ganz bestimmten Situation und für einen bestimmten Zweck.

Da sie weder *bhikṣus* noch *bhikṣuṇīs* sind, tragen die Angehörigen des Westlichen Buddhistischen Ordens auch nicht die gelben Flickengewänder, und weil sie keine *upāsakas* und *upāsikās* sind, auch nicht die für jene übliche weiße Kleidung. Sie kleiden sich so, wie es in ihrer jeweiligen Gesellschaft üblich ist, implizieren damit aber nicht, dass sie, weil sie keine Mönche oder Nonnen sind, Laien im überlieferten buddhistischen Sinn wären.

Aus der Rückführung der in den sieben verschiedenen *prātimokṣas* enthaltenen Regeln auf die zehn Vorsätze oder den *mūla-prātimokṣa* folgt somit eine Rückführung – oder eigentlich eine Erhebung – der verschiedenen sozio-religiösen Gruppierungen innerhalb der buddhistischen Gemeinschaft zu einer einzigen, großen spirituellen Gemeinschaft, dem *mahāsangha*. Das erweist sich als eine Rückkehr zu den Grundlagen des Buddhismus und als erneute Betonung dieser Grundlagen. Man kann sie nur dann für eine Innovation halten, wenn man einen Standpunkt bezieht, von dem aus man diese Grundlagen ignoriert oder sie aufgrund der Zutaten und Auswüchse, mit denen sie zugedeckt sind, gar nicht erst erkennt.[158]

---

158 Ebd., S. 21. – *A. d. Ü.*: In der 2014 veröffentlichten deutschen Übersetzung (a. a. O.) wurde der Ausdruck „Westlicher Buddhistischer Orden" jeweils durch die heute übliche Bezeichnung „Triratna-Orden" ersetzt. Da es sich beim hier vorliegenden Text um einen geschichtlichen Rückblick handelt, wurde der ursprüngliche Ausdruck wieder eingesetzt.

22. AMBEDKAR UND ZUFLUCHTNEHMEN

Von 1981 bis 1986 verbrachte ich den Herbst jeden Jahres in der Toskana und nahm an den jährlichen, jeweils drei Monate dauernden Ordinationsklausuren für Männer teil. Mitten in der 1985er Klausur[159], während der den privaten Ordinationen gewidmeten acht Tage, drängte sich mir ständig der Gedanke an Dr. Ambedkar in machtvoller Weise auf und weigerte sich gewissermaßen zu verschwinden. Ich fragte mich, was der Grund dafür sein mochte, und schließlich wurde mir klar, dass die ehemals unberührbaren indischen Buddhisten während eben dieser Tage der ursprünglichen Massenübertritte gedachten, die am 14. Oktober 1956 stattgefunden hatten. Diese Erkenntnis führte einige Dinge zusammen, über die ich schon eine Zeitlang nachgesonnen hatte. Insbesondere spürte ich, dass ich nun wirklich jene Broschüre über Ambedkar und Buddhismus schreiben wollte, die ich seit zwei oder drei Jahren hin und wieder ins Auge gefasst hatte. Ich konnte nun sehen, wie das zu tun war, und gegen Ende des Monats schrieb ich an Lokamitra und teilte ihm Einzelheiten der neun Kapitel

---

159 *A. d. Hrsg.*: Diese 1981 erstmals durchgeführten Klausuren fanden in einem ehemaligen Augustiner-Konvent, *Il Convento di Santa Croce* in Batignano, statt. (Mit der Gründung von *Guhyaloka*, einem in den Bergen nahe bei Alicante/Spanien gelegenen Zentrum, wurden die Ordinationsklausuren dorthin verlegt und auf vier Monate ausgeweitet.) Der hier erwähnte Kurs des Jahres 1985 wurde von Vessantara geleitet, während die Ordinationen weiterhin von Sangharakshita erteilt wurden. Mokshapriya, einer der Ordinanden, drehte einen Videofilm des Kurses. Siehe auch Sangharakshita, *Through Buddhist Eyes*. Birmingham: Windhorse Publications 2000, S. 34 f. (*CW* 24).

mit, in die sie gegliedert sein würde. Obwohl ich gehofft hatte, die Arbeit an diesem Heft gleich nach meiner Rückkehr nach Padmaloka aufzunehmen, kam ich doch nicht vor Mitte Februar dazu und erst Anfang September war dieses letzte Erzeugnis aus meiner Feder, das im Laufe des Schreibens von einem Heft zu einem kurzen Buch angewachsen war, druckfertig.[160]

Sechs Tage nach dem dreißigsten Todestag von Dr. Ambedkar, am 12. Dezember 1986, wurde *Ambedkar and Buddhism* in London vorgestellt, und zwar im Rahmen einer öffentlichen Veranstaltung, die auch der Erinnerung an diesen großen Führer der Unberührbaren Tribut zollte. Im Buch lenkte ich das Augenmerk auf die wahre Bedeutung von Ambedkar und das Wesen seiner Leistung; ich betrachtete das teuflische System, aus dem er die Unberührbaren befreien wollte, und zeichnete die Schritte des Weges nach, der ihn – und seine Anhänger – vom Hinduismus zum Buddhismus geführt hatte. Ich untersuchte auch, auf welche Weise Ambedkar seine spirituellen Wurzeln entdeckt hatte, erforschte sein Denken über den Buddha und die Zukunft seiner Religion, betrachtete das historische Ereignis, in dem er selbst und 380.000 Unberührbare spirituell wiedergeboren wurden, untersuchte sein posthum veröffentlichtes *magnum opus* und beschrieb, was nach seinem Tod geschehen war. Außerdem teilte ich meine persönlichen Erinnerungen an Ambedkar mit. Obwohl das Thema des Konvertierens zum Buddhismus in den meisten Kapiteln des Buchs auftauchte und obwohl Konvertieren zum Buddhismus Zuflucht zu den Drei Juwelen bedeutete, stand Zufluchtnehmen doch nur in einem Kapitel im Vordergrund. Dies war natürlich das siebte Kapitel,

---

160 Sangharakshita, *Ambedkar and Buddhism.* Glasgow:
Windhorse Publications 1986 (*CW* 9).

„Die große Massen-Konvertierung", das in gewisser Hinsicht das Hauptkapitel des ganzen Buches bildete. In diesem Kapitel beschrieb ich nicht nur die farbenfrohe und berührende Zeremonie, in der zunächst Ambedkar und seine Frau und darauf seine Anhänger Zuflucht zum Buddha, Dharma und Sangha nahmen, sondern ich versuchte auch, die Auswirkungen gewisser Aspekte dieser Zeremonie zu erklären.

Ambedkar und seine Frau empfingen die Drei Zufluchten und Fünf Vorsätze von U Chandramani, dem an Lebens- und Ordinationsjahren ältesten Mönch in Indien. In der üblichen Weise wiederholten sie die Pāli-Formeln dreimal nach ihm. Nachdem er aber die Drei Zufluchten und Fünf Vorsätze von U Chandramani empfangen hatte, *erteilte Ambedkar sie nun selbst seinen Anhängern*. Das bildete einen entschiedenen Bruch mit der Überlieferung – oder dem, was man mittlerweile für die Überlieferung hielt. Zumindest im südostasiatischen Theravāda, wo der pseudo-monastische Triumphalismus grassierte und Mönche bei zeremoniellen Anlässen unfehlbar die Leitung übernahmen, war es undenkbar, dass ein Laie sich anmaßen könnte, in Anwesenheit seiner sozio-religiösen Oberen anderen die Zufluchten und Vorsätze zu geben. Ein solches Vorgehen hätte als Ausdruck grober Missachtung nicht nur der tatsächlich anwesenden Mönche, sondern des gesamten klösterlichen Ordens gegolten und wäre auch nicht für einen Augenblick toleriert worden. Ambedkars Handlung, selbst seinen Anhängern die Zufluchten und Vorsätze zu erteilen, statt zuzulassen, dass U Chandramani sie gab, war damit eine kühne und dramatische Abkehr von der bestehenden Praxis des Theravāda und, indirekt, eine Rückkehr zu etwas, das sich stärker im Einklang mit dem Geist der Buddhalehre befand. Es repräsentierte sogar noch mehr als nur dies, denn:

> Indem er [so] demonstrierte, dass ein *upāsaka* die Zufluchten und Vorsätze nicht weniger erteilen konnte als ein *bhikṣu*, erinnerte Ambedkar die alten wie auch die neuen Buddhisten daran, dass der Unterschied zwischen jenen, die als *bhikṣus* und jenen, die als *upāsakas* und *upāsikās* lebten, nur ein Unterschied war, nicht aber eine Spaltung, denn alle nahmen gleichermaßen Zuflucht zum Buddha, zum Dharma und zum Sangha. Damit bekräftigte er tatsächlich die grundlegende Einheit der gesamten buddhistischen spirituellen Gemeinschaft, ob Männer oder Frauen, klösterlich Lebende oder Laien.[161]

Dieselbe Einheit wurde auch durch Ambedkars weiteren Traditionsbruch bestätigt. Nachdem er seine Anhänger in den Buddhismus aufgenommen hatte, war er entschlossen sicherzustellen, dass sie Buddhisten bleiben und nicht zu ihrer alten Lebensweise zurückkehren und wieder in den Hinduismus aufgesogen werden sollten, wie es schon einmal in der indischen Geschichte geschehen war.[162] Nachdem er sie zunächst selbst rezitiert hatte, bot er nun seinen Anhängern eine Reihe von einundzwanzig Gelübden dar, die er eigens für diesen Anlass aufgesetzt hatte. Diese Gelübde sprachen im Ein-

---

161 *Ambedkar and Buddhism*, CW 9. S. 131.
162 Siehe Sangharakshitas 1982 in Nanded gehaltenen Vortrag *Why Buddhism Disappeared from India and How it can be Prevented from Disappearing Again* (*Warum der Buddhismus aus Indien verschwand und wie sein erneutes Verschwinden vermieden werden kann*). In *CW* 9, S. 387-395.

zelnen aus, was es bedeutete, Buddhist – im Unterschied zu Hindu – zu sein. Ja, indem er die Gelübde zum integralen Teil der Konversionsfeier machte, stellte Ambedkar klar, dass Laienbuddhisten vollwertige Angehörige der buddhistischen spirituellen Gemeinschaft waren (und bekräftigte damit die grundlegende Einheit dieser Gemeinschaft), und dass von Laienbuddhisten nicht anders als von Mönchen erwartet wurde, dass sie den Buddhismus tatsächlich übten. Es sei indes kaum von seinen Anhängern zu erwarten, dass sie Buddhismus üben würden, wenn sie nicht auch *fühlten*, vollwertige Angehörige der buddhistischen spirituellen Gemeinschaft – und darum wirkliche Buddhisten – zu sein. Das hieß, dass sie auf förmliche Weise in diese Gemeinschaft aufgenommen werden mussten, nicht anders als Mönche förmlich in den klösterlichen Orden aufgenommen werden, und dass sie sich vornahmen, als Laienanhänger des Buddha mit derselben Ernsthaftigkeit zu leben, wie Mönche sich vornahmen, als Mönchsanhänger zu leben. Sie mussten darum, in anderen Worten, die Zufluchten und Vorsätze *plus* die einundzwanzig Gelübde nehmen.[163]

Als ich an meiner Beschreibung jener historischen Feier arbeitete und mich bemühte, die Bedeutung einiger von Ambedkars Taten herauszustellen, wurde ich mir mehr als je zuvor bewusst, wie viel Übereinstimmung es zwischen seinem und meinem Zugang zum Buddhismus gab. Obwohl man es in seinen Tagen kaum schon auf diese Weise gesagt hätte, bezeugte seine geringschätzige Ablehnung des Pseudo-Mönchstums in *The Buddha and the Future of His Religion* („Der Buddha und die Zukunft Seiner Religion") doch ganz klar, dass auch für ihn die verbindliche Entschiedenheit primär, der Lebensstil

---

163 Die einundzwanzig Gelübde sind in Anhang I zu finden.

sekundär war.[164] Seine entschiedene Bekräftigung der grundlegenden Einheit der buddhistischen spirituellen Gemeinschaft entsprach meinem eigenen Beharren auf der zentralen Wichtigkeit des Zufluchtnehmens. Bestand denn diese Einheit nicht in der Tatsache, dass *alle* Angehörigen der buddhistischen spirituellen Gemeinschaft Zuflucht zum Buddha, Dharma und Sangha nahmen, und hatte Ambedkar nicht selbst gezeigt, dass Mönche und Laien hinsichtlich des Gebens wie auch des Nehmens jener Zufluchten auf Augenhöhe miteinander waren? Mehr noch: In einer am Vorabend der großen Übertritte gehalten Pressekonferenz hatte Ambedkar auf die Frage, welche Form des Buddhismus er annehmen werde, geantwortet, sein Buddhismus werde

> an den Grundsätzen des vom Buddha selbst gelehrten Glaubens festhalten, ohne seine Leute in Unterscheidungen zu verwickeln, die aufgrund von Hīnayāna und Mahāyāna entstanden sind.[165]

Das entsprach meiner eigenen „ökumenischen" Haltung wie auch der Tatsache, dass wir uns im Westlichen Buddhistischen Orden oder Trailokya Bauddha Mahasangha schlicht als

---

164 *A. d. Hrsg.*: Sangharakshita las Ambedkars *The Buddha and the Future of His Religion* gleich nach Erscheinen in der Wesak-Ausgabe von *Maha Bodhi*, Bd. 58, April-May 1950. Beeindruckt von dem außerordentlichen Interesse am Buddhismus, das dieser bedeutende Politiker zeigte, schrieb er an Ambedkar und leitete so ihre persönliche Verbindung ein. Der genannte Artikel ist enthalten in Bd. 17 (2) von Dr. Babasaheb Ambedkar, *Writings and Speeches*. Mumbai: Education Department, Government of Maharashtra 2003, S. 97-108.

165 Zitiert (in geringfügig anderer Fassung) in: Keer, D., *Dr Ambedkar: Life and Mission*. 3. Aufl. Bombay: Popular Prakashan 1971, S. 498.

Buddhisten im Sinne von Individuen verstehen, die zu den Drei Juwelen Zuflucht genommen haben – und weiter nehmen – und die in den Schriften und Lehren aller Schulen des Buddhismus Anleitung und Erbauung suchen. Insofern überraschte es nicht, dass ich bei Fertigstellung meines Kapitels über „Die große Massen-Konvertierung" und zumal bei Fertigstellung von *Ambedkar and Buddhism* selbst mehr als je zuvor davon überzeugt war, dass mein Zugang zum Buddhismus mit dem des großen Unberührbaren-Führers übereinstimmte und dass die neue buddhistische Bewegung, mit der so viele von Ambedkars Anhängern inzwischen verbunden waren, eine direkte Fortsetzung seiner eigenen Arbeit für den Dharma war.

23. SCHLUSSBETRACHTUNG

Dies also ist die Geschichte meines Zufluchtnehmens. Dies sind die verschiedenen Abschnitte, in deren Verlauf mir Bedeutung und Tragweite des Zufluchtnehmens klar wurden, sowie auch die Abschnitte seit der Gründung des Westlichen Buddhistischen Ordens, während derer diese Bedeutung und Tragweite sowohl mir als auch anderen noch klarer geworden sind. Wie ich eingangs meiner Ausführungen andeutete, habe ich im Verfolgen der Geschichte meines Zufluchtnehmens die Geschichte eines Entdeckungsprozesses nachgezeichnet, der einen eher unberechenbaren Verlauf nahm und vielleicht weiterhin nimmt. Ich bekannte sogar, dass mein Vorgehen eher dem eines Schmetterlings glich, der im Zickzack von Blüte zu Blüte flattert und die Psyche oder Seele symbolisiert, als einem Falken, der sich direkt auf sein Opfer stürzt und für logisches Denken steht. Aus diesem Grund fanden einige von euch es vielleicht verwirrend und schwierig, dieser meiner *Geschichte* zu folgen. Vielleicht empfandet ihr sogar einen gelegentlichen Mangel an Stetigkeit, und dies um so mehr, als die Szenerie von England nach Indien und von Indien zurück nach England wechselt und ich burmesischen Mönchen und tibetischen inkarnierten Lamas begegne, mich mit ehemals Unberührbaren verbinde, Bücher und Gedichte schreibe, Vorträge und Seminare halte und natürlich den Westlichen Buddhistischen Orden gründe. Nichtsdestotrotz: Wenn wir einen Blick zurückwerfen auf die beschriebenen Entwicklungen – wenn wir einen Blick zurück auf einen Rückblick werfen –, können wir, so glaube ich, einen deutlichen Faden der Kontinuität durch dies alles laufen sehen.

Mein Zufluchtnehmen begann mit einer Erfahrung der Wahrheit, die vom Buddha im *Diamant-Sūtra* und, in einem geringeren Grad, vom sechsten Patriarchen im *Sūtra von Wei Lang* (*Hui-Neng*) gelehrt worden war. Infolge dieser Erfahrung erkannte ich, dass ich ein Buddhist war und immer schon gewesen war, und zwei Jahre später verdeutlichte ich diese Tatsache, indem ich formell von einem burmesischen Mönch in London die Drei Zufluchten und Fünf Vorsätze nahm. Da ich Buddhist war, wollte ich als Buddhist leben und wirken. In der Armee, in die ich damals einberufen worden war und mit der ich schließlich in den Osten versetzt wurde, war das kaum möglich; und es war auch in keiner der verschiedenen indischen religiösen Organisationen und Gruppen möglich, mit denen ich nach Verlassen der Armee in Verbindung trat. Von ihnen und vom weltlichen Leben enttäuscht beschloss ich darum, dem persönlichen Beispiel des Buddha zu folgen und dem Haushälterleben zugunsten eines Lebens der Hauslosigkeit zu entsagen. Nachdem ich auf solche Weise „aufgebrochen" war, verbrachte ich zwei Jahre als freischwebender buddhistischer Asket, und dies vor allem in Südindien. Die Erfahrung half mir, mein Verständnis des Dharma zu vertiefen und kräftigte meine Überzeugung, dass ich Buddhist war. Schließlich entschied ich, die Zeit sei gekommen, meine Stellung zu normalisieren und förmliche Ordination als buddhistischer Mönch zu suchen. Zurück in Nordindien, wurde ich zunächst als ein *śramaṇera* oder Novize und danach, einundhalb Jahre später, als *bhikṣu* oder Vollmönch ordiniert. Zu dieser Zeit hatte ich mich in Kalimpong, im östlichen Himalaya, niedergelassen, doch ob in Kalimpong oder anderswo, Mönch zu sein hatte Vor- und Nachteile. Einerseits bedeutete es, dass ich mich ganz und gewissermaßen offiziell dem spirituellen Leben verpflichtet fühlen konnte. Andererseits bedeutete es, dass ich in Gefahr war zu glauben, weil ich Mönch war, sei ich auch dem spirituellen Leben ganz verpflichtet. Ich war in Gefahr, entschiedene Verpflichtung und Lebensstil miteinander zu verwechseln, und eine Zeitlang erlag ich dieser Gefahr zumindest in gewissem Grad. Überdies entdeckte ich schon bald, dass ich als Mönch nicht „Mitglied" einer spirituellen Gemeinschaft, sondern nur Mitglied einer bestimmten sozio-religiösen Gruppe geworden war und dass somit in meinem Leben ein wichtiges Element – das von *kalyāṇa mitratā* oder spiritueller Freundschaft – nahezu ganz fehlte. Gleichwohl blieb unter der Asche das Gefühl des Zufluchtnehmens und loderte stets auf, wenn die „acht weltlichen Winde" mich stärker als gewöhnlich anbliesen. In der Tat loderte es von Jahr zu Jahr heller und stetiger auf. Das lag weniger an den „acht weltlichen Winden" als an meiner zunehmend engen Verbindung mit dem tibetischen Buddhismus, zumal in Gestalt bestimmter inkarnierter Lamas sowie an der Nyingmapa-Version der Zuflucht- und Niederwerfungs-Praktik. Infolge dieser Verbindung gewann ich ein besseres Verständnis der Bedeutung und Wichtigkeit des Zufluchtnehmens, will sagen, ein besseres Verständnis der Tatsache, dass Zufluchtnehmen nicht nur eine Formalität und nicht einmal das Mittel zum Entstehen des *bodhicitta* war, sondern die zentrale und maßgebende Handlung des buddhistischen Lebens, eine Handlung, deren altruistische Dimension das *bodhicitta* war. Zur gleichen Zeit kam ich, als Ergebnis meiner Verbindung mit den jüngst konvertierten ehemals unberührbaren Buddhisten sowie meiner Bodhisattva-Ordination der Einsicht näher, dass Mönchstum und spirituelles Leben nicht dasselbe waren.

Um die Zeit meiner Rückkehr nach England im Jahr 1964 hatte ich somit erkannt, dass es Zufluchtnehmen ist, was jemanden zum Buddhisten macht, dass Zufluchtnehmen wirklich die „zentrale und maßgebende Handlung des buddhistischen Lebens ist, aus der alle anderen [buddhistischen] Handlungen ihre Bedeutsamkeit beziehen", dass es bedeutet, das eigene Leben um die Drei Juwelen herum zu gestalten und dass es die tiefste Grundlage der Einheit unter Buddhisten bildet.

In England brauchte ich nicht lange um herauszufinden, dass dort die Bedingungen den Dharma zu verbreiten zwar günstig waren, aber auch dringend eine neue buddhistische Bewegung benötigt wurde. Eine Bewegung war nötig, in deren Herz und Zentrum nicht eine Gesellschaft, sondern eine spirituelle Gemeinschaft wirkte und die frei war von dem Virus des theravādischen pseudo-monastischen Triumphalismus. Darum gründete ich am 7. April 1968 den Westlichen Buddhistischen Orden, indem ich neun Männern und drei Frauen die, wie es damals hieß, *upāsaka/upāsikā*-Ordination übertrug; oder eher: Der Westliche Buddhistische Orden entstand, als neun Männer und drei Frauen sich öffentlich zum Pfad des Buddha verpflichteten, indem sie in der überlieferten Weise die Drei Zufluchten und Zehn Vorsätze von mir „nahmen". Die Tatsache, dass sie die Zufluchten und Vorsätze von mir nahmen oder von mir ordiniert wurden, bedeutete, dass ihr Verständnis der Bedeutung des Zufluchtnehmens mit meinem zumindest in gewissem Grad übereinstimmte. Anders gesagt bedeutete es, dass es mir in gewissem Grad gelungen war, mein Verständnis der Bedeutung des Zufluchtnehmens mit ihnen zu *teilen*, und im Laufe der folgenden Jahre gelang es mir, dieses Verständnis direkt oder indirekt mit zunehmend mehr Menschen zu teilen, so dass es heute, ohne die drei leider Verstorbenen und die etwa zwanzig Ausgeschiedenen mitzuzählen, weltweit 337 Angehörige des Westlichen Buddhistischen Ordens beziehungsweise Trailokya Bauddha Mahasangha gibt.

Man sollte Ausdrücke wie „übertragen" und „nehmen", aber auch „teilen" nicht buchstäblich auffassen. Man sollte sie bestimmt nicht so verstehen, als hätte ich, indem ich mein Verständnis der Bedeutung des Zufluchtnehmens mit den zwölf ursprünglichen Angehörigen des Ordens teilte, sozusagen ein festes Quantum Verständnis mit ihnen geteilt, das danach unverändert blieb. Nach Gründung des Westlichen Buddhistischen Ordens wurden mir Bedeutung und Wichtigkeit des Zufluchtnehmens klarer als je zuvor und ich begann, einige der tieferen und eher „philosophischen" Folgerungen aus dieser zentralen und maßgebenden Handlung des buddhistischen Lebens wahrzunehmen. Insbesondere sah ich, dass Zufluchtnehmen sich in einem Kontext ereignet, der viel weiter ist als die persönliche Existenz des Individuums, und überdies auf verschiedenen Stufen. Ich sah auch das ganze Ausmaß des Unterschiedes zwischen der „alten" (kulturellen und ethnischen) Zufluchtnahme, wie sie von der großen Mehrheit südostasiatischer Buddhistischen verkörpert wird, und dem „neuen" (bewussteren und individuelleren) Zufluchtnehmen, wie Angehörige des Westlichen Buddhistischen Ordens es verkörpern.

Schließlich, als es den Orden schon ungefähr fünfzehn oder sechzehn Jahre lang gab, sah ich die Mehrheit seiner Mitglieder ihr Leben in einem solchen Ausmaß um die Drei Juwelen herum orientieren, dass es zwischen ihnen und den *upāsakas/*

upāsikās oder „Laienbuddhisten" des Ostens wenig oder gar keine Ähnlichkeit mehr gab. Es war nun wirklich unmöglich, sie einer der überlieferten sozio-religiösen Gruppen zuzurechnen. Sie waren weder Mönche noch Laien, weder männliche oder weibliche Novizen noch männliche oder weibliche Laienanhänger. Sie waren bloß Buddhisten, Individuen, die zum Buddha, Dharma und Sangha Zuflucht genommen hatten und sich, um dieser Entscheidung in ihrem Alltag Ausdruck zu verleihen, verpflichtet hatten, die zehn Vorsätze zu befolgen, also jene zehn großen ethischen Prinzipien, die in Wirklichkeit den *mūla-prātimokṣa* oder „grundlegenden Moralkodex" der Mönche und Laien gleichermaßen bilden. Für solche „bloß Buddhisten" – die in gleicher Weise bloß Buddhisten waren wie die Anhänger der Yogācāra-Schule *Cittamātrins* oder „bloß Bewusstsein-isten" waren – wurde offenbar ein neuer Name nötig, der vorzugsweise aus überlieferten Quellen stammen sollte. Darum wurde zuerst in Indien und dann im Westen entschieden, dass *upāsakas* von nun an *dharmacārīs* und *upāsikās dharmacāriṇīs* heißen sollten – „Dharma-Gänger" oder „Übende des Dharma". Es war vielleicht nicht überraschend, dass diese Namensänderung zunächst in Indien übernommen wurde, und auch die Arbeit an *Ambedkar and Buddhism* machte mir noch deutlicher bewusst als zuvor, dass unsere neue buddhistische Bewegung eine Fortsetzung von Ambedkars eigener Arbeit für den Dharma war. Der große Führer der Unberührbaren hatte die grundlegende Einheit der buddhistischen spirituellen Gemeinschaft praktisch nicht weniger kompromisslos bekräftigt, als ich auf der zentralen Wichtigkeit des Zufluchtnehmens bestanden hatte.

Das bringt mich fast zum heutigen Tag. Es bringt mich fast zum zwanzigsten Gründungstag des Westlichen Buddhistischen Ordens, zu dessen Feier wir uns in (relativ) großer Zahl versammelt haben. Was bedeutet es nun für mich, dass ich die Geschichte meines Zufluchtnehmens nachgezeichnet habe? Was bedeutet es für euch? Was bedeutet es für *uns*? Schlicht und einfach, es bedeutet für uns, dass wir in gewisser Hinsicht genau da sind, wo wir vor zwanzig Jahren waren oder wann immer wir uns erstmals zum Pfad des Buddha verpflichtet haben. Es bedeutet, dass wir Zuflucht nehmen. Wir nehmen hoffentlich nicht in genau derselben Weise Zuflucht, wie wir es damals getan haben, und auch nicht, wie wir es vor einem Jahr, vor einem Monat oder letzte Woche getan haben. Vielmehr sollte unsere Erfahrung des Zufluchtnehmens mit jedem Tag an Tiefe und Stärke gewinnen – es sollte in einem weiteren Kontext und auf einer höheren Stufe geschehen. Mit jedem Tag sollten wir eine deutlichere Erkenntnis der Tatsache haben, dass wir, jede und jeder von uns, ein Arm oder eine Hand jenes Avalokiteśvara sind, der eine Verkörperung des kosmischen Strebens nach Erleuchtung und darum eine Verkörperung des kosmischen Zufluchtnehmens ist.

Am Anfang dieser *Geschichte* sagte ich, es wäre, wenn ich die Geschichte meines Zufluchtnehmens nachgezeichnet hätte, auch angemessen, wenn ich einige meiner aktuellen Gedanken über meine eigene Beziehung zum Orden und die Beziehung des Ordens zur übrigen buddhistischen Welt mit euch teilen würde. Der Geschichte nachzugehen, dauerte indes viel länger, als ich erwartet hatte und deshalb muss ich meine Bemerkungen zu diesen Themen auf eine spätere Gelegenheit verschieben. Im letzten Teil meiner Erzählung ist das Wesen meiner Beziehung zum Orden ohnehin in gewissem Grad sichtbar geworden. Was das Verhältnis unseres Ordens zur übrigen buddhistischen Welt angeht, möchte ich nur anmerken, dass es sich dabei im Wesentlichen um Beziehungen zwischen Individuen handelt, und dass wir anlässlich unseres zwanzigsten Gründungstages gerne all jenen Buddhistinnen und Buddhisten die Hand spiritueller Verbundenheit reichen, für die verbindliche Entschiedenheit primär und Lebensstil sekundär ist, und die, wie auch wir, Zuflucht zum Buddha, Dharma und Sangha nehmen, ob mit den Worten des Pāli oder irgendeiner anderen Sprache:

Buddhaṃ saraṇaṃ gacchāmi
Dhammaṃ saraṇaṃ gacchāmi
Saṅghaṃ saraṇaṃ gacchāmi

Zum Buddha nehme ich Zuflucht
Zum Dharma nehme ich Zuflucht
Zum Sangha nehme ich Zuflucht

Jetzt und so lange das Leben währt
Jetzt, bis zum Erlangen von Erleuchtung.

24. ANHANG I

VORSÄTZE AUS DER BUDDHISTISCHEN ÜBERLIEFERUNG

Die Fünf Vorsätze

In allen buddhistischen Schulen werden die fünf Vorsätze anerkannt und geübt. Die buddhistischen Schriften nennen sie an vielen Stellen, so beispielsweise im *Aṅguttara Nikāya* 839 (iv.245).

Die fünf Vorsätze in Pāli

Pāṇātipātā veramaṇī sikkhāpadaṃ samādiyāmi

Adinnādānā veramaṇī sikkhāpadaṃ samādiyāmi

Kāmesu micchācārā veramaṇī sikkhāpadaṃ samādiyāmi

Musāvādā veramaṇī sikkhāpadaṃ samādiyāmi

Surāmeraya majja pamādaṭṭhānā veramaṇī sikkhāpadaṃ samādiyāmi

Die fünf Vorsätze in negativer Formulierung

Ich nehme mir vor, mich des Tötens der Lebewesen zu enthalten.

Ich nehme mir vor, mich des Nehmens von Nicht-Gegebenem zu enthalten.

Ich nehme mir vor, mich sexuellen Fehlverhaltens zu enthalten.

Ich nehme mir vor, mich falscher Rede zu enthalten.

Ich nehme mir vor, mich der Einnahme von Rauschmitteln zu enthalten.

Die fünf Vorsätze in positiver Formulierung

Mit Taten liebevoller Güte läutere ich meinen Körper.

Mit Großzügigkeit gebend läutere ich meinen Körper.

Mit Stille, Schlichtheit und Genügsamkeit läutere ich meinen
Körper.

Mit ehrlicher und wahrhaftiger Sprache läutere ich meine Rede.

Mit hellwacher Achtsamkeit läutere ich meinen Geist.

Die Acht Vorsätze

Diese Gebote werden in traditionell buddhistischen Ländern von den
Laien an Festtagen eingehalten. Sie basieren auf den zehn *śrāmaṇera*
Regeln (siehe unten), die vom Mönchsnovizen befolgt werden. Aber
während vom Mönchsnovizen erwartet wird, dass er alle zehn Vorsätze die ganze Zeit praktiziert, werden die acht Regeln als eine Intensi-
vierung der Praxis an Festtagen angesehen, die einen Geisteszustand
herbeiführt, der der Meditation besonders förderlich ist.

Ich nehme mir vor, mich des Tötens der Lebewesen zu enthalten.

Ich nehme mir vor, mich des Nehmens von Nicht-Gegebenem zu
enthalten.

Ich nehme mir vor, mich sexuellen Fehlverhaltens zu enthalten.

Ich nehme mir vor, mich falscher Rede zu enthalten.

Ich nehme mir vor, mich der Einnahme von Rauschmitteln zu
enthalten.

Ich nehme mir vor, mich des Essens zu verbotenen Zeiten (z.B. am
Nachmittag) zu enthalten.

Ich nehme mir vor, auf Gesang, Tanz, Musik und unsittliche
Darbietungen sowie auf die Verwendung von Blumengirlanden,
Düften, Salben und Schmuck zu verzichten.

Ich nehme mir vor, nicht auf einem luxuriösen Schlafplatz zu ruhen.

Die Zehn *śrāmaṇera*-Vorsätze

Diese Vorsätze werden von Mönchs-Novizen oder *śrāmaṇeras* zum Zeitpunkt der niedrigeren Mönchsordination genommen. (Siehe besonders Kapitel 5 dieses Buchs.) Die ersten acht dieser Vorsätze werden überdies in traditionell buddhistischen Ländern von den Laien an Festtagen befolgt, also nicht mit der für Mönchsnovizen geltenden Erwartung steter Übung.

Ich nehme mir vor, mich des Tötens der Lebewesen zu enthalten.

Ich nehme mir vor, mich des Nehmens von Nicht-Gegebenem
   zu enthalten.

Ich nehme mir vor, mich sexuellen Fehlverhaltens zu enthalten.

Ich nehme mir vor, mich falscher Rede zu enthalten.

Ich nehme mir vor, mich der Einnahme von Rauschmitteln
   zu enthalten.

Ich nehme mir vor, keine Mahlzeiten zur falschen Zeit
   einzunehmen (d. h. nach Mittag).

Ich nehme mir vor, mich des Gesangs, Tanzes, der Musik und
   ungehöriger Darbietungen zu enthalten.

Ich nehme mir vor, mich des Gebrauchs von Blütengirlanden,
   Parfüm, Salben und Schmuck zu enthalten.

Ich nehme mir vor, mich der Verwendung hoher oder luxuriöser
   Schlafplätze zu enthalten.

Ich nehme mir vor, mich des Umgangs mit Gold und Silber (sprich:
   Geld) zu enthalten.

Die Zehn Vorsätze der
dharmacārīs und *dharmacāriṇīs*

Die zehn von Angehörigen des Buddhistischen Ordens Triratna befolgten Vorsätze sind sowohl in den Pāli- und Sanskrit-Versionen des frühen Buddhismus als auch in Mahāyāna-Schriften zu finden. Sangharakshita nennt sie auch den *mūla-prātimokṣa*, da sie die zentralen ethischen Prinzipien ausdrücken. Sie umfassen den Kern der fünf allgemeinen Vorsätze und weitere Vorsätze für die Läuterung von Rede und Geist. Wieder gibt es zahlreiche Belege in den Schriften. In negativer Formulierung werden sie unter anderem im *Sevitabba-āsevitabba-Sutta* des *Majjhima Nikāya* (MN 114; iii.46ff.) erläutert, in positiver Formulierung in einem Gespräch „Dreifache Lauterkeit" des Buddha mit Cunda (*Aṅguttara Nikāya,* AN v.267-8; AN X.176). Das *Vimalakīrtinirdeśa* sagt über die Reinheit der „zehn Pfade tauglichen Handelns", wie die Zehn Vorsätze in diesem Text genannt werden, sie sei das *buddha-kṣetra* oder „Buddhafeld" eines Bodhisattva.

Die zehn Vorsätze auf Pāli

Pāṇātipātā veramaṇī sikkhāpadaṃ samādiyāmi

Adinnādānā veramaṇī sikkhāpadaṃ samādiyāmi

Kāmesu micchācārā veramaṇī sikkhāpadaṃ samādiyāmi

Musāvādā veramaṇī sikkhāpadaṃ samādiyāmi

Pharusavācāya veramaṇī sikkhāpadaṃ samādiyāmi

Samphappalāpā veramaṇī sikkhāpadaṃ samādiyāmi

Pisuṇavācāya veramaṇī sikkhāpadaṃ samādiyāmi

Abhijjhāya veramaṇī sikkhāpadaṃ samādiyāmi

Byāpādā veramaṇī sikkhāpadaṃ samādiyāmi

Micchādiṭṭhiyā veramaṇī sikkhāpadaṃ samādiyāmi

Die zehn Vorsätze in negativer Formulierung

Ich nehme die Schulungsaufgabe an, mich des Tötens der
Lebewesen zu enthalten.

Ich nehme die Schulungsaufgabe an, mich des Nehmens von Nicht-
Gegebenem zu enthalten.

Ich nehme die Schulungsaufgabe an, mich sexuellen Fehlverhaltens
zu enthalten.

Ich nehme die Schulungsaufgabe an, mich falscher Rede zu enthalten.

Ich nehme die Schulungsaufgabe an, mich grober Rede zu enthalten.

Ich nehme die Schulungsaufgabe an, mich leichtfertiger Rede zu
enthalten.

Ich nehme die Schulungsaufgabe an, mich verleumderischer Rede zu
enthalten.

Ich nehme die Schulungsaufgabe an, mich der Begierde zu enthalten.

Ich nehme die Schulungsaufgabe an, mich des Hasses zu enthalten.

Ich nehme die Schulungsaufgabe an,
mich falscher Ansichten zu enthalten.

Die zehn Vorsätze in positiver Formulierung

Mit Taten liebevoller Güte läutere ich meinen Körper.

Mit Großzügigkeit gebend läutere ich meinen Körper.

Mit Stille, Schlichtheit und Genügsamkeit läutere ich meinen
Körper.

Mit ehrlicher und wahrhaftiger Sprache läutere ich meine Rede.

Mit freundlicher Sprache läutere ich meine Rede.

Mit hilfreicher Sprache läutere ich meine Rede.

Mit harmoniestiftender Sprache läutere ich meine Rede.

Gier löse ich auf in Stille und läutere so meinen Geist.

Hass kehre ich um in Mitgefühl und läutere so meinen Geist.

Unwissenheit verwandle ich in Weisheit und läutere so meinen
Geist.

Die zweiundzwanzig Gelübde von Dr. Ambedkar

1. Ich werde Brahma, Vishnu und Mahesh weder für Götter halten noch zu ihnen beten.

2. Ich werde Rama und Krishna weder für Götter halten noch zu ihnen beten.

3. Ich werde nicht an „Gauri", Ganapati und andere Götter oder Göttinnen des Hinduismus glauben, noch zu ihnen beten.

4. Ich glaube nicht, dass Gott inkarniert ist.

5. Ich glaube nicht und werde nicht glauben, dass der Erhabene Buddha die Inkarnation Vishnus war. Ich halte das für puren Wahnsinn und falsche Propaganda.

6. Ich werde weder „śraddhā" ausüben, noch werde ich „pind-dan" geben.[166]

7. Ich werde nicht so handeln, dass ich die Grundsätze und Lehren des Buddha verletze.

8. Ich werde keine Brahmins einladen, irgendwelche Zeremonien durchzuführen.

9. Ich glaube, dass alle Menschen gleich sind.

10. Ich werde danach trachten, Gleichheit zu bewirken.

11. Ich werde entsprechend dem vom Buddha gelehrten Edlen Achtfältigen Pfad leben.

12. Ich werde die vom Buddha gelehrten Zehn Pāramitās üben.

13. Ich werde Mitgefühl für alle Lebewesen entwickeln und sie nähren und schützen.

14. Ich werde nicht stehlen.

15. Ich werde nicht lügen.

16. Ich werde kein sexuelles Fehlverhalten begehen.

17. Ich werde keinen Alkohol trinken.

---

166 Elemente des hinduistischen Totenrituals, das nach der Leichenverbrennung vollzogen wird.

18. Ich werde mein Leben führen, indem ich die drei buddhistischen Prinzipien der Weisheit, der Moral und des Mitgefühls zusammenführe.

19. Ich schwöre dem Hinduismus ab, der der Verwirklichung der Menschen abträglich ist und der Menschen für ungleich und niedrig hält, und ich nehme den Buddha-Dhamma an.

20. Ich glaube fest, dass der Dhamma des Buddha der *saddhamma* ist.

21. Ich glaube, dass ich eine neue Geburt erhalte.

22. Auf solche Weise gelobe ich, mein Leben entsprechend den Lehren des Buddha zu führen.

(Nach der englischen Übersetzung aus dem Marathi von Mangesh Dahiwale und Dharmacārī Lokamitra.)

Die vierundsechzig Bodhisattva-Vorsätze (*saṃvara-śīla*)

Die vierundsechzig Bodhisattva-Vorsätze der tibetischen Gelug-Schule wurden von Sangharakshita entsprechend der mündlichen Erläuterung Dhardo Rimpoches ins Englische übersetzt.

(Siehe *Precious Teachers*. Birmingham: Windhorse Publications 2003, p. 154; *CW* 22).

Die achtzehn *mūlāpattis* oder Hauptvorsätze

Schlecht ist es:

1. Sich selbst zu loben und andere herabzusetzen,
2. Anderen den Schatz des Dharma vorzuenthalten,
3. Zu strafen und sich zu weigern, Reue zuzulassen,
4. Das Mahāyāna aufzugeben, aber so zu tun, als gehöre man weiter dazu,
5. Zu stehlen, was den Drei Juwelen gehört,
6. Dem Dharma abzuschwören,
7. Gewaltsam einem schlechten Mönch die Roben zu nehmen oder ihn zu schlagen oder gefangen zu setzen,
8. Die fünf ruchlosen Vergehen auszuüben (beispielsweise einen Buddha zu verwunden),
9. Falschen Ansichten anzuhaften,
10. Dörfer zu zerstören,
11. Jemanden, der psychisch nicht bereit ist, in den Lehren der Leerheit zu unterweisen,
12. Andere zu entmutigen, nach Buddhaschaft zu streben und sie zum Streben nach niederen Zielen zu ermutigen,
13. Den *prātimokṣa* aufzugeben,
14. Das Hīnayāna zu verunglimpfen,
15. Den eigenen Schülern *śūnyatā* zu predigen und (indirekt sich selbst preisend) zu behaupten, wenn sie entsprechend der Unterweisung übten, würden sie erlangen, was man selbst verwirklicht hat,
16. Von anderen etwas anzunehmen, was eigentlich den Drei Juwelen gehört (wie im Fall eines Königs, der einem Mönch eine Strafe im Wissen auferlegt, dass dieser das Eigentum der Drei Juwelen missbrauchen muss, um sie zu bezahlen),
17. Den Mönchen (eines Klosters) lästige Regeln aufzuerlegen,
18. Das *bodhicitta* aufzugeben.

Die sechsundvierzig *āpattis* oder Nebenvorsätze

Schlecht ist es:

1. Die Drei Juwelen nicht dreimal täglich zu verehren,
2. Zuzulassen, dass der Geist auf Lust ausgeht,
3. Keinen Respekt für Ältere (in der Bodhisattva-Ordination) zu zeigen,
4. Nicht zu antworten, wenn man gefragt wurde (ob über die Religion oder einen selbst usw.),
5. Eine Einladung, den Dharma zu lehren, nicht anzunehmen,
6. Gold usw. nicht anzunehmen, wenn es angeboten wird,
7. Den Dharma jemandem nicht zu erläutern, der zu lernen wünscht (auch wenn die Bitte aus schlechten Motiven erfolgt),
8. Jene, die Böses tun oder jemanden, der sein *śīla* nicht befolgt, gering zu schätzen,
9. Sich selbst nicht in einer solchen Weise zu bemühen, dass andere Vertrauen in einen entwickeln und auf seine Lehre hören können,
10. Nachlässig hinsichtlich des Wohlergehens anderer zu sein und sich zu weigern, zusätzliche Bedarfsdinge für Mönche von ihnen anzunehmen, wenn sie sie gerne geben wollen,
11. Nicht bereit zu sein, aus Mitgefühl für andere die sieben Arten von Vinaya-Vorschriften zu brechen,
12. Irgendetwas durch falschen Lebenserwerb zu erwerben,
13. Unnötig zu lachen,
14. Zu glauben, man werde sich selbst alleine zur Befreiung führen,
15. Nichts zu unternehmen, um übler Nachrede gegen einen selbst ein Ende zu bereiten,
16. Übeltäter aus Furcht, ihr Missfallen auf sich zu ziehen, nicht aufzuhalten,

17. Beschimpfungen (oder eine der drei anderen Arten unheilsamer Rede, die gegen einen verwendet werden mögen) zu erwidern,
18. Die Zornigen nicht friedlich zu stimmen,
19. Jenen, die einen verletzt haben und um Verzeihung bitten, nicht zu verzeihen,
20. In zornigen Gedanken zu schwelgen,
21. Ein Gefolge zur persönlichen Selbstverherrlichung zu haben,
22. Faulheit nicht zu vertreiben,
23. Zeit mit müßiger Rede zu verschwenden,
24. Nicht nach der Bedeutung von *samādhi* zu streben,
25. Die fünf Hindernisse zuzeiten der Meditation nicht zu zerstören,
26. Anhaftung an das Erleben von *samādhi* zu entwickeln,
27. Das Hīnayāna zu verunglimpfen,
28. Zur Übung des Bodhisattva-Ideals fähig zu sein, es aber aufzugeben, um dem Hīnayāna zu folgen,
29. Das Studium des Dharma aufzugeben und sich dem Studium der Werke der *tīrthikas* zu widmen,
30. Genuss beim Studium der Werke der *tīrthikas* zu empfinden (statt sie zum Zweck der Auseinandersetzung zu studieren),
31. Dem Mahāyāna abzuschwören,
32. Sich selbst zu loben und andere herabzusetzen,
33. Sich nicht zum Wohl des Dharma einzubringen (und zu predigen usw.),
34. Einen Prediger des Dharma zu missbrauchen und zu schmähen und nur auf den Buchstaben, nicht aber den Geist dessen, was er sagt, zu achten,
35. Jenen in Not nicht zu helfen,
36. Die Kranken zu vernachlässigen,
37. Leiden nicht zu beseitigen,
38. Übeltäter nicht zu ermahnen und zu warnen, dass sie in diesem und im nächsten Leben die Folgen ihrer Taten erfahren müssen,
39. Eine Wohltat nicht zu erwidern,

40. Jene, die unglücklich sind, nicht zu trösten,
41. Jenen, die Reichtum begehren, nichts zu geben,
42. Nicht für den Kreis eigener Schüler zu arbeiten,
43. Sich auf andere nicht einzustellen (d. h. bei religiöser Arbeit ihre Gefühle zu berücksichtigen),
44. Die guten Eigenschaften anderer nicht zu preisen,
45. Nichts Geeignetes gegen jene tun, die dem Dharma feindlich gesinnt sind,
46. (Die Feinde des Dharma) nicht mit übernatürlichen Kräften zu erschrecken.

25. ANHANG II

Hinweise zur Schreibung und Aussprache

Die im Text auftauchenden Sanskrit- und Pāli-Worte sind wissenschaftlich umgeschrieben. Wie diese Zeichen ungefähr auszusprechen sind, ist in dem folgenden kurzen Überblick angegeben.

Alle Begriffe mit ṣ oder ś sind Sanskrit (Skt.), da das Pāli (P.) über keine sch-Laute verfügt. Im Pāli sind indes häufiger Doppelkonsonanten zu finden: z. B. dhamma oder vitakka, die auf Sanskrit dharma und vitarka heißen.

In der Liste der Geistesereignisse haben wir auch die tibetischen Begriffe aufgeführt und dort gleich eine ungefähre Aussprache angegeben. Im Tibetischen (Tib.) werden die Vokale immer kurz gesprochen, besonders auch das a am Ende; sh wird als sch ausgesprochen, was wir dort nicht extra angegeben haben.

Ausspracheregeln im Überblick

(Ein Akzent auf einem Vokal bedeutet, dass diese Silbe die Betonung trägt.)

a, i, u   kurz (wie in „kalt", „schrill", „jung")

ā, ī, ū   lang (nidāna = nidáana, śūnyatā = schúunjataa)

e, o   lang, ausgenommen vor Doppelkonsonanten

c =   tsch (cetanā = tschéetanaa, bodhicitta = bóoditschitta)

j =   stimmhaftes dsch (samprajanya = samprádschanja)

ñ =   nj wie etwa in „Avignon"

ṅ   wie das n in „Anker"

s	immer stimmlos, d.h. wie ß
ś,ṣ =	sch (sparśa = sparscha, upekṣā = upéekschaa)
v =	w
y =	deutsches j
ṃ	nasaliert entweder den vorausgehenden Vokal oder seine Aussprache wird dem nachfolgenden Konsonanten angepasst. Tāṃ ist also wie das französische „temps" auszusprechen, hūṃ etwa wie „huung" und saṃsāra wie „ssangssáara".

bh, ch, dh, gh, jh, kh, ph, th sind jeweils ein „Buchstabe", auch wenn sie als zwei Buchstaben umgeschrieben werden. Sie gelten als einfache, aspirierte Konsonanten und sind mit leichtem, für das europäische Ohr kaum wahrnehmbarem Hauchlaut auszusprechen, das heißt ph = p-(h) und ch = tsch-(h). Sie werden also nicht zu einem Laut zusammen gezogen wie im Deutschen beispielsweise „ph" zu „f". Da das h zum Buchstaben gehört – und ohnehin kaum hörbar ist –, darf es auch nicht abgetrennt werden. Es heißt also „bud-d(h)ang" und „sang-g(h)ang" und nicht „budd-hang" und „sang-hang".

Bei ḍ, ḍh, ḷ, ṇ, ṛ, ṣ, ṭ, ṭh (bei einem Punkt unter dem jeweiligen Buchstaben) ist die Zunge gegen den Gaumen zu pressen.

Doppelkonsonanten sind immer doppelt zu sprechen, etwa wie in „Brotteig". Bei mehrsilbigen Worten liegt die Betonung in der Regel auf der drittletzten Silbe (cétanā, védanā, śūnyatā). Wenn die vorletzte Silbe jedoch einen langen Vokal enthält oder der kurze Vokal von Doppelkonsonanten gefolgt ist, so trägt sie den Ton (samādhi, ottáppa, vikṣépa). Bei zweisilbigen Worten liegt die Betonung auf der ersten Silbe (Dhárma, spárśa, māna).

Sangharakshitas Werke in deutscher Sprache in Auswahl

Aus Herzensgüte leben. Die Lehren des Buddha über Metta. Essen 2014.
Abrufbar unter: http://www.triratna-buddhismus.de/ressourcen/.

Buddhadharma. Auf den Spuren des Transzendenten. Essen:
Do Evolution 1999.

Buddhas Meisterworte für Menschen von heute. Satipatthana-Sutta.
München: Lotos Verlag 2004.

Buddhistische Praxis. Meditation, Ethik, Weisheit. Essen: Do Evolution
2002.

*Das Buddha-Wort. Das Schatzhaus der „heiligen Schriften". Eine
Einführung in die buddhistische Literatur*. Bern, München, Wien:
O. W. Barth Verlag 1992.

Die Drei Juwelen. Ideale des Buddhismus. Essen: Do Evolution 2007.

Die zehn Pfeiler des Buddhismus. Buddhistische Gemeinschaft
Triratna 2014. Abrufbar unter: http://www.triratna-buddhismus.
de/fileadmin/user_upload/Texte/Sangharakshita_Zehn_
Pfeiler_d_Buddhismus.pdf

Einführung in den tibetischen Buddhismus. Freiburg: Herder Verlag
2000.

Erleuchtung. Essen: Do Publikationen 1992. Abrufbar unter:
http://www.triratna-buddhismus.de/ressourcen/

Ethisch Leben. Ratschläge aus Nāgārjunas Juwelenkette. BoD (Books on
Demand-Verlag) 2015. Als Taschenbuch und eBook erhältlich
bei: www.bod.de

Herz und Geist verstehen. Psychologische Grundlagen buddhistischer Ethik.
Essen: Do Evolution o.J.

Mensch? Gott? Buddha. Leben jenseits von Gegensätzen. Essen:
Do Evolution 1998.

Ritual und Hingabe. Verehrung im Buddhismus. BoD (Books on Demand-Verlag) 2019. Als Taschenbuch und eBook erhältlich bei: www.bod.de

Sangharakshita Werkauswahl. 5 Teile. Abrufbar unter: http://www.triratna-buddhismus.de/ressourcen/

Sehen, wie die Dinge sind. Der Achtfältige Pfad des Buddha. Essen: Do Evolution 2000

Was ist der Dharma. Die wesentlichen Lehren des Buddha. Abrufbar unter: http://www.triratna-buddhismus.de/ressourcen/2014.

Wegweiser Buddhismus. Ideal, Lehre, Gemeinschaft. Essen: Do Evolution 2001.

Weisheit jenseits von Worten. Die buddhistische Vision von höchster Realität. BoD (Books on Demand-Verlag) 2019. Als Taschenbuch und eBook erhältlich bei: www.bod.de

Adressen von Zentren und Gruppen der Buddhistischen Gemeinschaft Triratna

Sangharakshita gründete die Freunde des Westlichen Buddhistischen Ordens (FWBO). Die Gemeinschaft wurde 2010 umbenannt und heißt heute Buddhistische Gemeinschaft Triratna. Adressen von Zentren und Gruppen findet man unter:

http://www.triratna-buddhismus.de/zentren/